Gott

und
das

BLUT

Meine Buchreihe ‚GOTT und das BLUT':

Von dieser Reihe wird es weitere Bände geben. Geplant sind Folgende.

Teil 2: Von Abraham, Isaak bis Josef
Teil 3: Mose und die Opfergesetze
Teil 4: Josua bis Micha
Teil 5: Das Neue Testament: Jesus

Wenn Ihr gerne Info wollt, wann das nächste Buch der Reihe heraus kommt, nehme ich Euch gerne in den Verteiler auf und informiere Euch. Ihr bekommt eine kurze Mailinfo bei jeder Neuerscheinung von mir, wenn Ihr eine Mail schreibt an
ewakrist@yahoo.com
Siehe auch der Hinweis am Ende des Buches.

Ewa Krist

Gott und das BLUT

Wie kam das Blut in die Religion?
oder
Wie passt der blutrünstige Gott des Alten Testaments
zu dem liebevollen Vater des Neuen Testaments?

Teil 1: Von Adam bis Noah

Bibliographische Information der Deutschen Nationalbibliothek: Die deutsche Nationalbibliothek verzeichnet diese Publikation in der Deutschen Nationalbiographie. Detaillierte bibliographische Daten sind im Internet über http://dnb.dnb.de abrufbar.

Covergestaltung by Ewa Krist, Augsburg
Herstellung und Verlag: BOD – Books on Demand, Norderstedt

ISBN 9783746075013

1. Auflage, Anfang 2018

2. Auflage, mit leicht verändertem und ergänztem Text, März 2018

Die Autorin:

*Ewa Krist ist Neuphilologin, Sprach- und Übersetzungswissen-
schaftlerin. Darüber hinaus besitzt sie zahlreiche weitere Abschlüsse.
Sie beschäftigt sich seit über 35 Jahren mit der Bibel, auch im Urtext,
und mit anderen religiösen Schriften und Literaturen. Sie lebt und
arbeitet in Bayern mit ihrer Familie, im Großraum München.
Gerne kann sie auch gebucht werden, zum Beispiel für
Veranstaltungen, Konferenzen, für Gemeinden, Kirchen, Reden und
Predigten etc.. Kontakt für Reden, Predigten, Seminare und
Workshops ewakrist@gmail.com*

Eine Bemerkung:

Vorwort, Einleitung und Erklärungen sind in allen Bänden
dieser Reihe weitgehend gleich. Ebenso der Abspann.

Dieses Buch gibt es als
  - Hardcover
  - Paperback ISBN 9783746075013
  - und als Ebook.
Diese Versionen können sich je nach Bearbeitungsstand leicht
unterscheiden.

INHALT

Vorwort

Viele Kritiker der Bibel stören sich an den grausamen Opferriten in der Bibel und dem Blutkult der Mosaischen Gesetze. Viele Christen stören sich, wenn sie ehrlich sind, ebenfalls daran. Auch ich. Für viele Menschen ist das sogar ein Hindernis, an den Gott der Bibel zu glauben.

Lange Zeit hatte ich als Christin schon irgendwie den Eindruck, man hätte es in der Bibel mit einem ‚schizophrenen' Gott zu tun und mein Glaube ist dadurch irgendwann fast verrückt geworden. Wie sonst könnte man erklären, dass Er zum Einen im Alten Testament, der jüdischen Tanach, eindeutig zu Opferriten und Schlachtungen, sogar zu Tötungen von Menschen aufruft, und zum Anderen durch Propheten behaupten lässt, Er hätte keine Lust an Opfern und hätte diese nicht befohlen? Vom liebevollen Menschensohn Jesus im Neuen Testament ganz zu schweigen. Oder war der dann doch nicht so liebevoll?

An einen ‚schizophrenen' Gott wollte und konnte ich jedenfalls einfach nicht glauben. Und das muss ich nun auch nicht mehr.

Dieses Buch ist daher für alle Zweifler. Es ist für alle, die einfach an einen blutdürstigen Gott nicht glauben können, ja, nicht glauben wollen, an einen Gott, der verlangt, dass Menschen und Tiere geschlachtet, geopfert und gemordet werden. Ich bin gläubige Christin und ich habe das nicht akzeptieren können, trotzdem die Bibel es - scheinbar - so beschreibt. Das war einer der großen Gründe weshalb ich mich von Gott und vom Glauben entfernt hatte. Gleichzeitig habe ich mit Ihm gekämpft. Gestritten. Ihn angeklagt. Gerungen.

Bis ich Ihn endlich gefragt habe, mehr als nachdrücklich. Erst dann hat Er mich sozusagen an die Hand genommen, viele Jahre lang. Und mir Dinge gezeigt, und ja, auch ‚gesagt', die ich nirgends irgendwo je gelesen hatte. Und ich hatte wahrlich viel gelesen und geforscht zu allen möglichen Glaubensthemen. In meiner Freizeit machte ich schon lange kaum mehr etwas anders. Bis heute quält mich so Manches in diesem Zusammenhang. Schließlich geht es hier um mein ewiges Leben! Das muß sicher sein.

Wenn ich eine Idee oder Auslegung irgendwo gelesen habe, gebe ich es im Folgenden an. Aber ich habe Abertausende Seiten in Büchern, Artikeln, Nachschlagewerke, Lexika und Kommentaren sogar damals während des Studiums in Bibliotheken gelesen bisher. Oft kann ich mich daher nicht mehr genau erinnern, wo genau ich eventuell etwas gelesen oder gesehen habe. Dann gebe ich es jedoch generell an in einer Form wie ‚gelesen habe ich einmal' etc. Denn Ehre wem Ehre gebührt. Leider wußte ich damals noch nicht, daß ich einmal darüber ein Buch schreiben würde. Der Rest ist eigene Forschung und Erkenntnis. Ich hoffe, dass dieses Buch viele Menschen retten wird, bevor Yeshua wieder kommt.

Mir ist klar, dass ich wohl von Vielen für dieses Buch und diese umwälzenden Inhalte, die oft jeder bisherigen Exegese widersprechen - fundiert wie ich glaube -, angegriffen werde. Doch ich hoffe, die Kritik bleibt fair. Wir sollten ohnehin das glaubensmäßige Diskutieren wieder erlernen. Auf Shitstorms und Hassmails kann ich verzichten. Über wirklich fundierte Feedbacks freue ich mich immer!

Einleitung

Einige kurze Vorbemerkungen:
In diesem Buch duze ich alle meine Leser/innen. Auch das hat mit meinem Glauben zu tun, denn in den Augen Gottes sind wir Menschen alle auf gleichem Niveau. Für ihn gibt es kein Ansehen der Person. Die Gläubigen untereinander sind sowieso ‚Geschwister'. Und welche Geschwister siezen sich schon, egal ob man sich mag oder nicht.

Dieses Buch hat einen großen Schlüssel: Yeschua bzw. Yaschua oder Yeschu. Er hieß bzw. heißt nämlich nicht ‚Jesus', das ist eine Verballhornung seines hebräischen Namens im Griechischen, was an ‚Zeus' erinnern sollte. Nein danke, sage ich da! Ich verwende hier auch meist seinen richtigen Namen.

Das versuche ich bei allen Eigennamen zu tun, außer es wäre zu weit weg und man würde nicht erkennen, um wen es geht – wie bei Hesekiel, der eigentlich Ezechiel hieß. Jedoch ist diese furchtbare und andauernde Hellenisierung, Germanisierung, Amerikanisierung und Internationalisierung zutiefst jüdischer, aramäischer, hebräischer und auch eindeutig orientalischer Namen, Traditionen, Bedeutungen und Gebräuche einer der Gründe, warum wir unseren herrlichen Gott buchstäblich in den ‚falschen Hals' bekommen haben. Unzulässige ‚Exegese', egal ob von Christen oder anderen, ist ein weiterer wichtiger Grund. Und auch falsche bzw. ungenaue Übersetzungen haben mich fast in den Wahnsinn getrieben. Als Übersetzungswissenschaftlerin muss ich sagen, dass diese Fehler gleichermaßen gravierend, irreführend und grob fahrlässig. Das womöglich sogar vorsätzlich, basierend auf Machtinteressen. Welche? Denkt selbst…

Gerade auch ‚Christen' und ‚Kirchen' haben den Messias so sehr verdreht, dass er kaum noch zu erkennen und zu begreifen ist! Daher verstehe ich mich selbst nicht mehr als ‚Christin' (das verwende ich nur noch, damit Außenstehenden klar ist, was ich meine), sondern als ‚Messianerin' oder ‚Yeschuanerin'.

Ich fange in diesem Buch also von hinten an. Er, Yeschua, der Messias der Israeliten und Juden, sagte schließlich, dass wer ihn kennt, auch den Vater kennt. Wenn also Yeschua die Verkörperung des Höchsten ist, dann muss auch alles in der Tanach, so nennen die Juden und Israeliten das ‚Alte Testament' (diese Bezeichnung ist eigentlich per se eine Unverschämtheit, weil es absolut nichts ‚Altes' an sich hat, es ist eher das Basis-Testament), vorhanden sein. Denn Gott ändert sich nicht. Er ist derselbe. Von Anfang bis Ende.

Die Bibel lese ich schon lange auch im Urtext. Das bedeutet, das Neue Testament in Griechisch, das Alte in Hebräisch. Trotzdem bin ich keine Altphilologin. Ich bin jedoch universitär diplomierte Neuphilologin, Sprachwissenschaftlerin und Übersetzungswissenschaftlerin. Und damit also auch Vollakademikerin. Deswegen bitte ich meine Leser, mir etwas zu vertrauen, wenn ich Worte neu deute oder anders übersetze. Ich versuche alles so gut wie möglich herzuleiten, zu belegen und es mit mir selbst und den Fakten und tradierter Exegese abzugleichen und zu diskutieren. Manches bekommt dabei auch eine ‚harte' Bewertung ab.

Es war für mich selbst erstaunlich zu sehen, wie viel ungut, irreführend oder gar falsch übersetzt wurde oder bei welchen Wörtern es tatsächlich mehrere Möglichkeiten der Übersetzung gibt, die eventuell sogar alle von Gott beabsichtigt sind. Auch solche Dinge bleiben bei den Bibelübersetzungen meist auf der Strecke. Deswegen werde ich, wenn ich mit dieser Blutbuch-Reihe fertig bin, nicht nur ein Buch über die Genesis schreiben, sondern irgendwann eine Neuübersetzung einiger Teile des Neuen Testaments wagen. Eines kann ich Euch schon vorher sagen: Euch werden die Augen herausfallen. Ihr werdet das Gefühl haben, geistlich wirklich frische Luft zu atmen!

Außerdem versuche ich wo immer möglich, die Bibel mit der Bibel auszulegen. Das Ganze ist, wie ich jetzt weiß, ein wunderbares Hologramm auf allen Ebenen. Er erschließt es aber nur denen, die ernsthaft mit Glauben und an Seiner Hand suchen und nachforschen. Und, wie Er sagt, denen, die von Ihm ‚kaufen'! Und eines kann ich Euch sagen: Von Gott zu kaufen ist extrem teuer, auf allen Ebenen!

Ich beschränke mich hier meist auf die so genannte Bibel. Selbst kenne ich jedoch fast alle Apokryphen, also Außerbiblische Quellen, die jüdischen wie die christlichen oder weltlichen, auch z. T. von anderen Religionen, andere Evangelien, Briefe, Forschungsergebnisse etc. ebenfalls und habe darin wunderbare echte Wahrheiten gefunden, die mir wirklich geholfen haben zu verstehen und damit auch zu glauben. Aber auch die Bibel reicht, um zu entscheiden, ob wir es nun mit einem blutigen oder gar blutdürstigen und grausamen Gott zu tun haben oder mit einem Gott, der uns liebt und retten will und der dazu eigentlich kein Blut benötigt.

Die meisten Bibelstellen zitiere ich nur sinngemäß, weil es sonst das Lesen zu holprig macht, ganz zu schweigen von den verschiedenen möglichen Bibelübersetzungen im Deutschen. Diejenigen jedoch, die für unser Thema überaus wichtig sind, zitiere ich gänzlich mit Quellenangabe. Das heißt, die Leser sollten die Bibel schon kennen bevor sie dieses Buch lesen. Das Buch ist definitiv keine ‚Nanny' für Anfänger, es setzt schon eine gewisse Bibelkenntnis voraus.

Eine Bitte also: Lies die Bibel von vorne bis hinten durch, bevor oder während Du dieses Buch liest. Auch wenn es eine unperfekte Übersetzung ist. Die Einheitsübersetzung ist übrigens gar nicht schlecht.

Was die alten Sprachen Griechisch und Hebräisch betrifft, nehme ich dafür lateinische Buchstaben. Unter ‚Erklärungen' findet sich jedoch eine Liste der entsprechenden hebräischen und griechischen Buchstaben und deren Zuordnung, so dass die Leser auch wissen, welche originalen Buchstaben hier gemeint sind.

Fundamentale Christen, und auch andere mit diesem ‚Label', werden mit manchen Punkten und Argumenten in diesem Buch Schwierigkeiten haben. Es sei daher gesagt, dass nichts, aber auch gar nichts hier Geschriebenes auch nur im Ansatz blasphemisch gemeint ist. Ganz im Gegenteil. Ich habe alle diese Dinge entdeckt bzw. entdeckt bekommen, weil ich den göttlichen Befehl in der Tora ausführe: Dass man allezeit über Sein Wort und Sein Gesetz nachdenken soll!

Nachdenken impliziert immer, Pro und Contra zu erwägen, Fragen zu stellen, zu vergleichen, zu testen, zu ‚spinnen', wie etwas gemeint sein könnte, und so weiter. Ich folge damit dem guten Brauch der Juden, die Schriften zu diskutieren - den viele Christen und auch Juden leider vergessen haben, von den Moslems ganz zu schweigen!
Christen, vor allem Fundamentale oder die in Freikirchen, setzen das ‚Wort Gottes' oft derart absolut, dass noch nicht einmal kritische Fragen wirklich erlaubt sind. Dabei wird oft

vergessen, wie schlecht die Übersetzungen oft sind, dass in anderen Teilen der Welt eine andere christliche Bibel gilt, als die hier in Deutschland, mit anderen Inhalten, Übersetzungen usw. Welche genau also wäre das 'Wort Gottes'?

Moslems dürfen den Koran noch nicht einmal in Frage stellen, sollten ihn sogar nur auf Arabisch lesen.
Aber Gott wäre nicht Gott, wenn Er sich über unsere Fragen aufregen würde! Er mag es sogar, wenn wir etwas 'von Ihm wissen' wollen. Er mag es, wenn wir dauernd über Seine Worte und Gesetze nachdenken. Fragend. Sich im guten Sinne über Sinn und Auslegungen zu streiten ist wunderbar. Sogar manchmal anklagend 'warum' fragen ist in Ordnung. Das hat selbst Yeshua getan.

Es gibt nur *ein* Wort Gottes – und das ist Mensch geworden! Alles klar? Damit wir erkennen und begreifen.

Einige erklärende Bemerkungen bevor wir beginnen: Ja, ich bin eine Intellektuelle. Ja, ich bin Vollakademikerin. Ja, ich kann denken. Ja, ich glaube trotzdem oder gerade deswegen an Gott und Yeschua, so wie die Schrift sagt. Ich habe seit über dreißig Jahren über alle möglichen Themen, die Glaube und biblische Aussagen betreffen, geforscht. Auch über die Evolutionstheorie und Kreationstheorie. Tatsächlich habe ich durch langwierige Recherchen und Fachbücher aus allen Richtungen heraus gefunden, dass die Evolutionstheorie wirklich nur eine Theorie ist. Und nicht nur im wissenschaftstheoretischen Sinne! Sie ist *nicht* erwiesen – was jedoch viele denken, da selbst in den Schulen, die an sich wertneutral sein sollten, nur und ausschließlich diese 'Theorie' gelehrt wird. Von Kreation wird noch nicht einmal mehr im Religionsunterricht gesprochen. Ein Offenbarungseid. Die Theologie kuscht. Geschweige denn, dass die Kreation argumentiert wird. Mittlerweile ist die Evolutionstheorie (ET) daher zum Dogma geworden. Das ist immer ein Kardinalfehler in einer Wissenschaft und macht sie dadurch unwissenschaftlich. Vieles in der ET ist nicht beweisbar und läuft sogar gegen Beobachtbares buchstäblich Amok, um das einmal ganz hart auszudrücken. Sie scheitert dabei schon am Anfang. Die Urey-Miller-Versuche scheiterten immer und scheitern bis heute. Die Spontansynthese von Proteinen, die Grundbausteine des Lebens, konnte bis heute nicht bewiesen werden. Geschweige denn die Spontansynthese von etwas für Leben so Wesentliches wie eine Zellmembran. Hochkomplex. Aber die Alternative wäre eben nur die Kreation von Gott. Das mag man nicht glauben oder postulieren, deswegen tut man so, als ob die Evolutionstheorie alternativlos wäre. Das heißt, Christen und Juden sollten sich mit der Genesis nicht verstecken! Und dazu braucht man keinen Teilhardt de Chardin. Auch wenn Dan Brown dazu eine andere Meinung hat, wie sein Roman ‚Origins' bezeugt.

Ich gehe im Folgenden also in der Regel davon aus, dass die Kreation stimmt. Solltest Du eine andere Meinung haben, bitte gerne, Du wirst trotzdem einen Erkenntnisgewinn durch mein Buch haben. Ich jedoch glaube an den Einen, den Allmächtigen Gott. Deswegen habe ich auch kein Problem damit, auch nicht intellektuell, von einer creatio ex nihilo (oder eher ex deo) auszugehen, so wie es in Genesis 1 steht. Jemand Allmächtiges kann ein komplexes System wie die Erde und komplexe Lebewesen einfach ins Sein rufen. Sonst wäre dieser Jemand nicht allmächtig.

Dieses Buch wurde geschrieben, um diesem wunderbaren Gott die Ehre zu geben, für den ich oft unperfekt lebe und den ich kennen darf. Der durch seinen Sohn Yeschua Seine ewige Güte bezeugt hat (die gegen Sünde aber maximal intolerant ist), Seine ewige Liebe beschrieben hat (die jedoch nicht deckungsgleich ist mit der ‚Alles-ist-okay-Liebe', die heute von vielen Esoterikern und christlichen Kirchen auf ein unterirdisches Niveau herunter gezogen wird), und der den Weg klar gezeichnet hat. Das alles lässt sich zusammenfassen in dem Satz:

Gott hasst die Sünde bzw. die Gesetzesübertretungen, doch Er liebt die Menschen, die auf die Sünde hereinfallen. Er will alle retten, die sich von derselben oft verführen lassen und sich selbst damit maximal schaden – in Zeit und Ewigkeit.

Das Einzige, worum es also geht, ist die Frage:
Wollen wir uns retten lassen?

Oder sind wir dazu gerade in unserer heutigen Zeit, in der wir jedes gute Tabu abgeschafft haben und uns selbst als Maß aller Dinge begreifen, schon zu verdorben und verkopft?

Erklärungen

Dieses Buch ist absichtlich kein Fachbuch im eigentlichen Sinne. Es soll nämlich nicht nur von einigen verkopften Theologen und Fachleuten gelesen werden, obwohl diese hierin Vieles finden werden, woran sie heftig zu kauen haben werden. Ich habe daher die fachlichen und sprachlichen Elemente so verfasst, das *jeder* Interessierte es lesen kann. Man braucht keine Kenntnisse in Hebräisch oder Griechisch. Es ist, glaube ich, alles sehr gut erklärt und verständlich, sogar ‚fruchtig' und knackig von mir geschrieben – damit es nicht schwer zu lesen und auch nicht langweilig ist, damit die Lesenden wach bleiben und möglichst viele Menschen dadurch erreicht werden und begreifen, wie unbegreiflich toll und groß der Schöpfer ist, wie gerecht und einzigartig Er ist, und wie genial und freundlich und manchmal auch sehr hart unser Heilbringer Yeschua ist! Alles zu unserer Rettung.

1. In diesem Buch schreibe ich ‚Er' wenn ich vom Höchsten rede. Damit will ich jedoch auf gar keinen Fall einen patriarchalen Gott weiter etablieren, das haben schon genug die Religionen und Kirchen, vor allem die Katholische Kirche gemacht, von manchen ganz strengen Freikirchen ganz zu schweigen. Es ist als sicher anzusehen, dass Gott weder männlich noch weiblich ist. Er ist beides, Er ist alles in allem. ‚Sie' zu schreiben wäre allerdings, sogar für mich als Frau, zu ungewohnt, und ein ‚Es' hat der Höchste unter Garantie nicht verdient, also nehme ich weiterhin das vertraute ‚Er'.

Fundamentalen Christen, Juden und Moslems, die das nicht glauben, sei gesagt, dass das Gott selbst von sich so sagt. Es steht geschrieben, Er hat die Menschen nach seinem Bild gemacht, also im Prinzip so wie sich selbst. Und es steht geschrieben, Er hat sie zuerst als männlich und weiblich geschaffen hat, vor der Heraustrennung und Bildung der Frau aus Adam. Das heißt im Rückschluss, dass natürlich auch Er selbst männlich *und* weiblich ist.

Ein weiterer Beleg dafür, dass Gott alles ist (wenn es nicht so profan klingen würde, müsste man ‚unisex' sagen), kann man auch daran ersehen, dass der Heilige Geist im Hebräischen weiblich ist, Ruach.

2. Bibelzitate auf Deutsch erfolgen entweder nach der „Einheitsübersetzung der Heiligen Schrift", 10. Auflage 2012 der Katholischen Bibelanstalt, siehe auch die Versionen unter Literaturangaben hinten. Oder nach der „Revidierten Lutherübersetzung".

Oder aus einem Übersetzungs-Mix davon mit dem Urtext, den ich selbst kreiert habe. Davor schreibe ich dann immer so etwas wie: Eigener Mix, oder etwas Ähnliches.

3. Diesen Punkt wiederhole ich nochmals, da er wichtig ist: Viele Christen werden mit einigen Inhalten dieses Buches Schwierigkeiten haben. Sie haben es anders gelernt und nie hinterfragt, schon gar nicht auf Grundlage des Urtextes. Ich betone, dass nichts, aber auch gar nichts hier Geschriebenes auch nur im Ansatz blasphemisch gemeint ist. Ganz im Gegenteil. Vieles ist neu entdeckt von mir, ganz neu sogar, unerhört und nie irgendwo gelesen. Manches aber auch anders interpretiert und zusammengestellt. Theologisch nennt man es Exegese. In diesem Sinne möchte ich meine Ergebnisse und Vorschläge im wissenschaftlichen Sinne meinen Kollegen aus der Altphilologie und Theologie, auch der jüdischen, für eine weitere und hoffentlich erfrischte Diskussion zur Verfügung stellen.

Zumindest *mein* Vater im Himmel will keine Marionetten, sondern Menschen, die IHN fragen, suchen, erkennen und das dann ausführen, was sie erkannt haben.

‚Wenn ihr mich sucht, will ich mich von euch finden lassen' – das ruft dieser Große Gott uns auch heute noch zu.

Mensch, also, fang endlich an, IHN zu suchen! Und suche so kräftig, als ob Du Deine goldene Visa-Card suchen würdest!

Ihm ist doch klar, dass wir fast nichts begreifen mit unserem Erbsenhirn! Schon gar nicht ohne Ihn.

4. Die griechischen Buchstaben, das griechische Alphabeth:

A	α	Alpha	N	ν	Ny
B	β	Beta	Ξ	ξ	Xi
Γ	γ	Gamma	O	ο	Omikron
Δ	δ	Delta	Π	π	Pi
E	ε	Epsilon	P	ρ	Rho
Z	ς	Zeta	Σ	σ	Sigma
H	η	Eta	T	τ	Tau
Θ	ϑ	Theta	Y	υ	Ypsilon
I	ι	Iota	Φ	φ	Phi
K	κ	Kappa	X	χ	Chi
Λ	λ	Lambda	Ψ	ψ	Psi
M	μ	My	Ω	ω	Omega

Das Griechische wird in diesem Buch selten vorkommen, da es sich hauptsächlich mit dem hebräischen Teil der Bibel, vor allem mit der Tora, beschäftigt. Sollte ich einiges aus dem griechischen Neuen Testament benötigen, so nenne ich im Folgenden diese griechischen Buchstaben so wie oben beschrieben. Oder wenn ich ein Wort nenne, dann nach seiner Phonetik. Zum Beispiel schreibt sich das bekannte Wort ‚logoz' im Griechischen mit lambda, omikron, gamma, omikron, zeta. Ich folge also der Phonetik, nenne aber den echten zu Grunde liegenden Buchstaben. Denn oft wird logoz im Deutschen sonst mit ‚logos' wiedergegeben, was aber ein Sigma bedeuten würde am Ende.
Alles klar?

5. Die hebräischen Wörter und Buchstaben

Das hier sind die hebräischen Buchstaben. Die Vokale spare ich mir dabei meist, da diese erst im ersten Jahrtausend, ca. 800 *nach* Christus hinzugefügt wurden und daraus der ‚masoretische Text' mit Punktation entstand. In der originalen Überlieferung fehlt diese Punktation bzw. sie ergibt sich zum Großteil aus den KONsonanten, in denen ja auch Vokale mitklingen. Ich gehe in diesem Buch ausschließlich vom unpunktierten Text aus.

Verwende ich hebräische Buchstaben oder Wörter, halte ich es genauso, wie oben beim Griechischen beschrieben.

א	Alef (still, e, A)	נ	Nun (N)
ב	Bet (B/v)	ס	Samech (S)
ג	Gimel (G)	ע	Ayin (still, a)
ד	Dalet (D)	פ	Peh (P, F)
ה	He (H)	צ	Tsadeh (Ts)
ו	Vav (V, u)	ק	Qof (Q)
ז	Zayin (Z)	ר	Resch
ח	Chet (Ch)	ש שׂ	Schin / Sin
ט	Tet (T)	ת	Tav (T)
י	Yod (y, j)		
כ	Kaf (K)		
ל	Lamed (L)		
מ	Mem (M)		

Da es im Hebräischen aber eigentlich zwei Buchstaben für ‚a'
gibt, Alef und Ayin, wobei jedoch Alef oft eher wie ein ‚e'
oder stumm ausgesprochen wird. Ich mache es im Folgenden
so:
- Wenn Alef gemeint ist schreibe ich ein großes A
- Wenn Ayin gemeint ist, ein kleines a

Das Vav/Waw werde ich für eine bessere Lesbarkeit und weil
es auch manchmal so ausgesprochen wird, als ‚u'
wiedergeben.

6. Ein Wort zum Hebräischen:

Um dieses Buch zu lesen, musst Du weder Hebräisch noch Griechisch können. Trotzdem möchte ich einige kurze Erklärungen zum Hebräischen geben. Es sind Dinge, die mich als Sprachwissenschaftlerin sehr verwundert und überrascht haben, als ich begann, mich intensiver mit dem Hebräischen auseinander zu setzen. Natürlich besteht das Hebräische, wie jede Sprache, auch aus Buchstaben und Wörtern. Jedoch gibt es einige Besonderheiten.

Erstens: Der Hebräische Urtext der Tora und Tanach besteht aus einer fortlaufenden Buchstabenfolge, ohne Leerzeichen zwischen den Wörtern und weitgehend ohne Absätze und beinhaltet keine Vokale, außer den echten Buchstaben Jod, Alef und Ajin und Vaw, der oft als U gesprochen wird. Erst Recht gibt es keine Überschriften und Titel, die später eingefügt worden sind, um das Ganze übersichtlicher zu machen. Dieser Fakt hat mich lange abgehalten, mich mit dem Urtext auseinanderzusetzen. Das kam mir einfach alles zu schwer vor.

Wie genau und hervorragend stimmig der Urtext überliefert ist, haben die Qumranfunde bewiesen. Im Alten Testament ist wegen der Treue und Akkuratesse und Gottesfurcht der Israeliten/Juden so gut wie nichts verändert worden. Im Neuen Testament sieht das leider etwas anders aus.

Der hebräische masoretische Text mit Punktation entstand erst zirka im 8. Jahrhundert, nach Christus. Die Punktation ignoriere ich daher. Dieser Fakt ist einer der Gründe, weshalb ich in diesem Buch viele ungewöhnliche Interpretationen des Urtextes wage. Ich bin sozusagen ‚urig'!

Zweitens: Die hebräischen Buchstaben unterscheiden nicht zwischen Groß- und Kleinschreibung. Zudem hat jeder einzelne hebräische Buchstabe eine echte Eigenbedeutung. Das heißt, dass nicht nur das Wort als Buchstabenkombination wichtig ist, sondern, das ist jedenfalls meine Meinung und Interpretation, auch die einzelnen Buchstaben. Zum Beispiel bedeutet der Buchstabe Beth, der zweite im hebräischen Alphabeth, also unser B, gleichzeitig im Hebräischen auch ‚Haus'. Alles klar?

Drittens: Im Hebräischen gibt es noch weitere mathematische, numerische und semantische Eigenheiten. Diese Besonderheiten, die man auch als ‚esoterisch' bezeichnen könnte, sind in der Lage, weitere Bedeutungsebenen erschließen. Das heißt, im Hebräischen haben wir bereits menschlich gesehen mindestens eine 4D-Sprache vorliegen.

Ich habe noch weitere Ebenen entdeckt, die aber zu weit führen würden. Ab und zu werde ich jedoch darauf Bezug nehmen.

Daher ist für mich das Hebräische und der Urtext zu einem wahrhaften Hologramm geworden, mit so zahlreichen semantischen Ebenen, die für mich wunderhaft unglaublich sind. Ich bin für meine Person jedenfalls überzeugt davon, dass Gott alle diese Ebenen intendiert hat und Er diese Bedeutungen alle gleichzeitig vermitteln wollte. Diese Umstände und Tatsachen haben für mich vor allem die Tora aber letztlich das ganze ‚Alte Testament' bzw. Tanach tatsächlich zu GOTTES WORT werden lassen. Denn auch Er ist multi-dimensional.

Weitere, normalere Ebenen kommen dazu wie die zahlreichen Fakten und Nennungen längst vergangener Gewohnheiten, Kulturen und Kulte, Gebräuche, Sitten – diese allein müssen wir uns schon mühsam erarbeiten, um die damalige Welt zu verstehen, in die die Worte hineingesprochen wurden. Das ist jedoch der ‚normale' semantische Kontext und der Subtext, den es in jeder Sprache und in jedem Text gibt.

Und wenn etwas in der Tora bzw. Tanach unverständlich erscheint, dann ist das nicht Sein Fehler, sondern liegt an der Dummheit und Faulheit der Theologen und uns Gläubigen, sich diese Ebenen zu erarbeiten, und an deren Unfähigkeit, ihre Scheuklappen und Dogmen in den Mülleimer zu werfen! Oder nach Gehinnom.

7. Jüdische Lehren und Erklärungen außerhalb der Tanach

Viele Rabbis heutzutage sagen, dass die Tora und die gesamte Tanach ohne die Nebenschriften (Talmud, Mischna, Raschi, Kabbala etc.) nicht zu verstehen ist. So kommt es, dass jüdische Rabbis viele Dinge ‚wissen' bzw. lehren und verkünden, die nicht einmal im Ansatz in der Tanach stehen. Wie zum Beispiel, dass Gott am zweiten Tag die Engel geschaffen hätte. Das steht nirgends in der Tora in Bezug auf die Kreation am zweiten Tag.

Ich kann solche Lehren annehmen, wenn sie logisch sind, zu dem Charakter Gottes passen, und wenn sie zumindest einen kleinen Aufhänger oder Hinweis in der Tanach haben und wenn sie jahrtausendelang überliefert sind, wie z. B. einige Nebenbücher und Sefers, die meisten davon kenne ich. Allerdings gebe ich gerne zu, dass ich bislang nur einige Teile des Talmud kenne. Die diversen Diskussionen und Lehrmeinungen dort finde ich persönlich auch sehr ermüdend. Die Mischna kenne ich ganz gut. Neuere Rabbis, das heißt solche, die deutlich nach Christus gelebt haben und so etwas behaupten, wie die Schaffung der Engel am zweiten Tag, lehne ich ab, das sage ich ganz klar. Ich halte das sogar für bedenklich, die Meinung irgendwelcher Menschen, auch wenn es Rabbis sind, über die Texte der Schrift zu stellen. Vor allem, wenn diese weit weg von der Zeit gelebt haben, über die sie schreiben, z. B. erst im Mittelalter und nun als unverzichtbar gelten. Das dürfte fast schon zu Götzendienst führen. Ebenso halte ich in diesem Zusammenhang manche jüdische Praktiken für bedenklich, sofern sie sich nicht in der Tora/Tanach finden. Zum Beispiel den Brauch, den Schabbat als Braut zu verehren. Das steht nirgends in der Tora, dass man den Schabbat quasi selbst als Person verehren soll. Obwohl ich ganz klar sage, daß ich als Christin/Messianerin den Schabbat halte, sicher nicht perfekt, aber so pur wie es in der Tora steht. Und nicht den Götzensonntag. Yeschua hat auch den Schabbat gehalten, ihm wäre nie etwas anderes eingefallen! Und ich folge ihm nach und nicht irgendwelchen ‚Kirchen'.

In diesem Zusammenhang sind natürlich auch viele völlig unbiblische Traditionen und Gebräuche der christlichen Kirchen, allen voran und in diesem Zusammenhang mit deutlichem Abstand die katholische Kirche, die heutzutage sogar ihre gierigen Finger nach Jerusalem ausstreckt.

Ich halte mich hier in diesem Buch fast ausschließlich an die Texte der Tora und der gesamten Tanach und gehe dabei vom puren, heißt unpunktierten Urtext aus. Und ich rechne auf den Ruach HaKodesch, den Heiligen Geist, diese Texte mir und uns heute zu erklären in Bezug auf unser Thema Blut.

Wenn ich **Außer-Biblische Schriften** verwende, diese werden oft ‚Apokryphe' genannt, nenne ich diese **ABS**. Diesen Begriff habe ich mir ausgedacht, weil mit das an das **ABS** im Auto erinnert hatte, das AntiBlockierSystem. Denn das ist genau das, was ich erlebt habe: Manche Außerbiblischen Texte, Akten, Evangelien etc. haben regelrecht theologische

Blockaden, Glaubensblocker, bei mir aufgelöst! Egal ob es antike oder moderne waren. Ich kann das nur empfehlen, diese Texte, die nirgends im Kanon sind, zu lesen!

Ich verwende in diesem Buch mehrere Namen für Gott: Gott, der Große Gott, der Schöpfer, der Allerhöchste, der Herr, manchmal Seinen echten Eigennamen, JHWH also Jahwe. Damit ist allerdings IMMER der Gott der Tora, der Tanach gemeint, also Jahwe, der Gott Abrahams, Isaaks und Jakobs. *Nie* damit gemeint ist irgendein Götze, Baal oder gar der ‚Mondgott‘, wenn Ihr wißt, was ich meine.

Nun freue ich mich, meine Leser/innen auf eine ungeheure Entdeckungsreise mitzunehmen in Bezug auf diesen wundervollen Gott-Jahwe, Blut, Opfer und Seine Regeln, Gebote und Meinungen, die mich in Summe nun über dreißig Jahre Zeit und eine Unmenge von Geld gekostet hat. Und durch die ich heute so frei bin im guten Sinne wie nie zuvor. Und eigentlich auch so demütig vor Ihm wie nie zuvor. Den Höchsten bitte ich hiermit, dass Er bitte das boosten soll, was zutiefst stimmt, und wenn etwas nicht stimmt im Folgenden, soll Er es bitte in Vergessenheit versinken lassen.

Das soll ‚Sein‘ Buch sein.

Happy Erkenntnis!

Yeschua und seine Schlüssel

Wie ich bereits vorhin beschrieben habe, gibt es einen Schlüssel:
Yeschua *ist* der Schlüssel zu allem.
Und Er *hat* die Schlüssel zu allem.
Für die, die ihn kennen, ist das sehr beruhigend.

Bevor oder während Du dieses Kapitel liest, empfehle ich, das Neue Testament zu lesen. Mindestens jedoch die vier Evangelien, vor allem jedoch das Matthäus und Johannesevangelium. Dann noch die Apostelgeschichte und die Apokalypse des Johannes. Die Briefe sind erst einmal nicht so wichtig.

Schauen wir uns zuerst an, was Yeschua über sich, den Vatergott und den Widersacher Satan an Wichtigem gesagt hat.

Fangen wir an mit seinen Selbstaussagen, die auch später für die Auslegung des Tanach entsprechend wichtig sein werden. Die bekanntesten Aussagen sind sicher seine ICH BIN – Aussagen:

Ich bin der Weg, die Wahrheit und das Leben. Keiner kommt zum Vater als nur durch mich.

Ich bin der gute Hirte.

Ich bin das Licht der Welt.

Ich bin das Brot des Lebens.

Ich bin nicht in die Welt gekommen, um die Welt zu richten, sondern um sie zu retten.

Ich bin ein König, doch mein Reich ist nicht von dieser Welt.

Bevor Abraham war, BIN ich.

Ich und der Vater sind eins.

Wer mich sieht, der sieht den Vater.

Gott sandte seinen Sohn nicht in die Welt, damit er die Welt richte, sondern damit die Welt gerettet wird durch ihn.

Der Glaubende an den Sohn hat ewiges Leben.

Ich bin die Auferstehung und das Leben. Wer an mich glaubt, der wird leben, auch wenn er stirbt. Und wer da lebt und glaubt an mich, wird nicht mehr sterben in Ewigkeit.

Ich bin der wahre Weinstock.

Wer an mich glaubt, von dessen Leib werden Ströme lebendigen Wassers fließen.

Unvergessen und buchstäblich in aller Munde ist die Bergpredigt und seine unerhörten Aussagen zu Feindesliebe, jedenfalls wie sie in der heutigen Zeit übersetzt werden und als übersetzter Ausdruck bekannt sind, auch wenn manches davon suboptimal ist bzw. anders gemeint war und unter anderen Umständen gesagt wurde, basierend auf den damaligen Verhältnissen:

Liebt Eure Feinde, tut wohl denen, die euch hassen, betet für die, die euch verfolgen.

Selig (was auf griechisch eigentlich ‚glücklich' bedeutet) sind die Armen im Geist, denn ihnen gehört das Reich.

Selig sind die Trauernden, die Sanftmütigen, die Wohltätigen, die mit reinen Herzen, und so weiter.

Diese Aussagen kennt wohl auch heute noch fast jeder. Leider auch Politiker, die diese oft nehmen und verzerren und für ihre oft ausschließlich egoistischen und parteipolitischen Ziele und Ränke benutzen.

Nur hat sich Yeschua nie für so etwas Billiges ausbeuten lassen. Und ich bin mir sicher, dass es ihn würgt zu sehen und zu hören, wie er für Machtpolitik missbraucht wird.

Unter pseudohumanistischem und pseudochristlichem Geschwafel bedienen so diese Politiker ihre meist reiche und mächtige Klientel und fallen auf diese Weise dem Land, den Bürgern, von denen sie bezahlt werden, und damit ihrem eigentlichen Auftrag, in den Rücken. Pfui.

Besonders lachhaft ist es, wenn erklärte Atheisten, welche zuhauf in linken Parteien zu finden sind, plötzlich anfangen, über irgend etwas ‚Christliches' zu schwafeln, sobald es ihren Zielen dient.

Dafür waren diese Aussagen nie gedacht. Yeschua war kein Politiker und hat sich immer geweigert, als politischer Befreier angesehen zu werden. Diese Politiker, die Yeschua so missbrauchen, sollten vorsichtig sein, denn sie richten sich im Prinzip selbst damit. Das Gericht ist schon gesprochen, Yeschua selbst nannte solche Leute ‚Heuchler', ‚übertünchte Gräber', ‚Otterngezücht' und so weiter.

Am Schluss steht dann das Endgericht in der Bibel, welches wohl erfolgt durch Feuer.

Häufig wird von ‚modernen' Christen der Gott des Alten Testaments/Tanach abgelehnt und als unvereinbar mit diesem ‚lieben Jesus' oder gar ‚Jesulein' im Neuen Testament angesehen.

In Bezug auf diese offizielle Unvereinbarkeit des Alten mit dem Neuen Testament machen wir im Folgenden ein kleines Quiz. Es werden Bibelstellen aufgezählt und Du solltest einfach *ankreuzen*, wo das steht und wer das gesagt hat:

Wer hat folgende Aussage jeweils gesagt: **Yeschua im Neuen Testament ODER oder jemand im Alten Testament:**

Wenn dich deine rechte Hand zur Sünde verführt, haue sie ab!

Es ist besser, dass du eines deiner Glieder verlierst, als dass dein ganzer Leib in die Hölle fährt.

Gebt das Heilige nicht den Hunden. Werft eure Perlen nicht vor die Säue.

Nehmt euch in Acht vor falschen Propheten.

Liebe deinen Nächsten wie dich selbst.

Lass die Toten ihre Toten begraben.

Nehmt euch in Acht vor den Menschen.

Wenn Menschen aber nicht würdig sind, wende sich euer Friede wieder an euch zurück.

Er begann, die Städte zu schelten.

Am Tage des Gerichts wird es Sodom besser ergehen als dir!

Dieses böse und ehebrecherische Geschlecht fordert ein Zeichen!

Seine Engel werden sammeln aus seinem Reich alles Anstößige und die Gesetzlosigkeit tun und sie werden sie werfen in den Feuerofen und dort wird sein Heulen und Zähneknirschen.

Die Engel werden aussondern die Bösen aus der Mitte der Gerechten.

Weiche von mir, Satan!

Wehe der Welt wegen der Verführungen!

Wehe dem Menschen durch den die Verführungen kommen!

Mein Haus soll ein Haus des Gebets heißen, ihr aber habt eine Räuberhöhle daraus gemacht!

Das Reich wird euch weggenommen und es wird einem Volk gegeben, das Früchte bringt.

Der König wurde zornig und schickte seine Heere und brachte die Mörder um und zündete die Stadt an.

Wehe euch, blinde Führer…

Ihr Brut von Giftschlangen, wie wollt ihr vor dem Gericht der Hölle fliehen?

Mich hasst die Welt, weil ich ihr sage, dass ihre Werke böse sind.

Sündige nicht mehr!

Sonst werde ich dich ausspucken aus meinem Mund.

Ich bin der Anfang und das Ende.

Ich vergelte jedem wie seine Taten sind.

Draußen sind die Hunde, die Giftmischer, die Hurer, die Mörder und die Götzendiener und jeder der Lüge und Betrug liebt und tut.

So. Hast Du es herausgefunden, wer was gesagt hat?
Hast Du alles richtig?

Denn Du hast dann alles richtig beantwortet, wenn Du überall ‚Yeshua' angegeben hast. GENAU! Manchmal auch beides, Altes Testament und Neues Testament.

Das soll also der ‚liebe, dumme' Jesus sein, den die meisten heute verkünden!? Ein zahnloser Tiger sozusagen?
Wir sollten uns aber vor Augen halten, dass er auch damals schon der ‚Löwe' war, der aus Juda brüllt.

Es wird von den Kirchen und Christen trotzdem oft eine „Dumm-Liebe", eine Für-Gott-ist-alles-okay-Liebe verkündet, die es in der Bibel jedoch nirgends gibt.

Das nur einmal vorweg. Das heißt, auch ‚Jesus' hatte eine ziemlich straffe Welt- und Ewigkeitssicht, die sehr ultimative Handlungsanweisungen und Gerichtssituationen inklusive ewige Verurteilung nicht nur beschrieb, sondern selbst offenbar kannte und auch einforderte! Von deftigen Worten und Wörtern, die manchmal sogar als Schimpfwörter anmuten, ganz zu schweigen.

In der Bibel wird mehrfach gesagt, dass Gott immer derselbe ist, dass Er sich nicht ändert. Wenn sich Yeschua nun also auf diesen Höchsten bezieht, dann *muss* seine Lehre absolut in Übereinstimmung stehen mit der Lehre des Höchsten im Alten Testament, in der Tanach, die er selbst ja überaus oft zitiert hat.
Und das ist auch der Fall! Mehr noch, Yeschua hat anhand der Tanach die religiösen Leiter, die Gelehrten der damaligen Zeit gemaßregelt, überführt und gelehrt. Oft durch unorthodoxe, aber gleichermaßen unwiderlegbare Exegese bestimmter Stellen. Außerdem hat er Bibelstellen und Sachverhalte miteinander in Bezug gesetzt, die vorher nie in Bezug gesetzt worden waren.
Das ist übrigens eine Erfahrung, die viele Juden machen, die zum ‚Christentum', das man lieber ‚Messianertum' nennen sollte, konvertieren. Es ist jedoch keine Konversion, es ist Fortschreibung. Sie alle sagen, das Yeschua zutiefst Jude ist und jüdisch argumentiert! Außerdem sei er von Anfang an im Judentum, d.h. in der Tora, zu finden.

Es sind wir dummen, ungelehrten und eingebildeten ‚Christen', die es nicht kapieren. Wir müssen uns dringend demütigen, uns entschuldigen und bei den Juden bzw. Israeliten in die Schule gehen. Denn Yeschua war Jude und kam nur zu den verlorenen Schafen der Juden und Israeliten, nach eigener Aussage. Viele Beispiele, wir nennen sie

Gleichnisse, können nur aus den damaligen Gewohnheiten und Gegebenheiten heraus erklärt werden. Ihnen eine christlich moderne Auslegung zu geben, steht uns nicht zu. Ja, sie verzerrt seine Aussagen sogar, leiten Menschen in die Irre und führt zu Leid und Ungerechtigkeit.

Interessant ist, dass Yeschua weder in der Bibel noch in den außerbiblischen Schriften, jemals dazu auffordert, zu den Waffen zu greifen. Als Petrus dem Knecht des Priesters das Ohr abhaut, heilt Yeschua es wieder und maßregelt Petrus, er solle das Schwert wegstecken und den Dingen ihren Lauf lassen. Sogar als er seine Jünger prophetisch davor warnt, dass Jerusalem bald belagert und alles zerstört werden wird, sagt er nicht, dass sie für ihre Verteidigung vorsorgen sollen mit Waffen etc. Sondern er sagt, sie sollen in die Berge fliehen, wenn es soweit ist. Was die jüdischen Yeschua-Gläubigen dann auch taten und so unter anderem in Pella überlebten.

Jedoch im Lukasevangelium sagt er seinen Jünger: ‚Jetzt, kauft euch Schwerter!'
Damit meinte er sicher nicht, dass sie Krieg führen sollten. Aber sie sollten wohl in Seiner Abwesenheit in der Lage sein, normale Schutzmaßnahmen anzuwenden und sich gegen Unrecht und Angriffe verteidigen können. So lange er bei ihnen war, würde er sie übernatürlich beschützen können.
Auf der anderen Seite verurteilt er Soldaten aber nie! Der römische Hauptmann bekommt sogar höchstes Lob von ihm, da er einen solchen Glauben wie bei ihm in ganz Israel nicht gefunden hätte.

Da Yeschua auch völlig hinter Johannes dem Täufer stand, ist auch die Reaktion von diesem großen Propheten interessant, als Soldaten ihn fragten, was sie tun sollen, um gerecht zu sein. Seine Antwort war *nicht*: „Werdet Pazifisten, entsagt eurem

Beruf, legt die Waffen nieder." *Sondern* „Misshandelt niemand, erpresst niemand, begnügt euch mit eurem Sold." Auch den Zöllnern sagte er nicht, und auch nicht Yeschua, dass sie ihren Beruf aufgeben sollten. Sondern „Verlangt nicht mehr, als festgesetzt ist."

Das heißt, jeder soll seinen, für eine funktionierende Gesellschaft nötigen Beruf mit Anstand und in Gerechtigkeit ausüben, und nicht mit Gier, Korruption und Ausnutzung anderer.

Allerdings sollten wir nun nicht davon ausgehen, dass er Prostituierten das auch so gesagt hätte, hier hätten wir unter Garantie gehört, dass sie den grauenhaften Beruf lassen und etwas Anständiges arbeiten sollen. In der ganzen Bibel wird immer vor Unzucht gewarnt.

Damals war jedoch in Judäa Prostitution, anders als in Rom, Babylon etc., sicher keine Sache, die sehr häufig anzutreffen war und diese Gewerbe war als ‚Beruf' nicht anerkannt. Die Juden kannten keine Tempelhuren, wie es bei fast allen Religionen bei den Völkern ringsum gang und gäbe war, ihre Anbetung musste sogar völlig frei von jeder Unzucht und enthaltsam sein, z. B. auch vor dem höchsten Fest, Yom Kippur. Zwar wird berichtet, dass Yeschua bei den Zöllnern und Huren saß und er sie nicht verurteilte, aber *nicht*, dass er deren Fehlverhalten gutgeheißen hätte. Im Gegenteil, er hat sie befreit davon, wenn man zum Beispiel der biblischen Geschichte um Maria Magdalena glauben mag. Sein ‚ich vergebe dir und jetzt sündige nicht mehr' an die Ehebrecherin, gilt tausendprozentig ebenso für alle anderen Sünden! Inklusive Homosexualität, die inzwischen von vielen Staaten regelrecht ‚freigeschaltet' wurde – trotzdem hat sie laut AT und NT den Stempel ‚Sünde' und ‚Greuel' – ob das uns ‚modernen Menschen', den Politikern und Homos gefällt oder nicht.

Yeschua verbietet den Soldatenberuf nicht und Waffen generell auch nicht, da er weiß, das ist meine Interpretation, dass in dieser Welt das Böse manchmal extrem gewalttätig ist und auch nur mit Gewalt bekämpft werden kann. Notwehr ist auch Christen nicht untersagt. Sein Spruch: „Wer das Schwert zieht, kommt durch das Schwert um" bezieht sich auf genau diese extremen Bösen der Weltgeschichte. Keiner, selbst der friedfertigste Nachfolger Yeschuas, würde ernsthaft behaupten, man könne einen Hitler, einen Napoleon, Stalin oder irgend einen anderen wild gewordenen Herrscher, der andere Nationen angreift und unterjocht, aus Machtgier und Größenwahn heraus, heute die ISIS oder Boko Haram, nur mit gutem Zureden aufhalten. Ernsthaftes Gebet vieler Gläubiger kann jedoch sehr wohl etwas ausrichten! Siehe Saulus.

Und damit ist nicht diese oberflächliche Gebets-Litanei in den Kirchen am Sonntag gemeint, wo der Pfarrer/Priester eine Bitte für Frieden vorbringt, und alle mehr oder weniger gleichgültig im Chor sagen ‚Herr, erbarme dich'. Sorry, mich würgt es bei so etwas immer.

Sondern gemeint ist echtes, ringendes Gebet! Nur das kann etwas ausrichten. Das können heutzutage jedoch viele nicht mehr, weil Christen oft nur Namenschristen sind und der große Teil des Restes, der wirklich noch glaubt, erkaltet oder höchstens lauwarm ist und in vielen auch freikirchlichen Gemeinden auch nur eine egoistische, verwässerte bzw. sogar falsche Lehre gelehrt wird. Ein Wohlfühlchristentum mit Weichspülpredigten. Nur ist es leider so, dass die heutige ‚Gemeinde' vielmehr einen kräftigen Tritt in den Allerwertesten brauchte und dazu noch zu ihren Wurzeln zurückgetrieben werden sollte! Wenn sie sich den selbst nicht gibt, wird Er dafür sorgen, dass sie diesen bekommt. Garantiert!

So war es also selbst Yeschua klar, dass es in der Welt, wie sie ist, ohne Blutvergießen manchmal nicht geht. Er selbst hat sehr ‚blutige' Dinge gesagt, die sich im Laufe dieses Buches jedoch noch erklären werden, wie „Wer mein Fleisch nicht isst und mein Blut nicht trinkt, hat keinen Anteil an mir".

Harter Tobak. Durch diese Aussagen hat er zirka 90 Prozent seiner Jünger bzw. seiner Anhänger verloren! Das hat den Herrn aber nicht davon abgehalten, Wahrheit auszusprechen. Anders, als viele ‚Christen' heute.
Oder „dieser Kelch ist der neue Bund in meinem Blut, das für euch vergossen wird." Puh.

Hier haben wir es wieder, das Blut…

DER ANFANG der Anfänge

Wir gehen ab nun systematisch vor und fangen beim Anfang an, buchstäblich. Da ich in den ersten Kapiteln der Tora so viel Neues entdeckt habe im Urtext, werde ich darüber noch ein gesondertes Buch schreiben, da diese Erkenntnisse das Thema dieses vorliegenden Buches über Blut und Opfer bei Weitem sprengen würden. Aber einige Einblicke, die zu unserem - Thema passen, gebe ich schon hier. Der erste Satz der Bibel lautet:

„Im Anfang schuf Gott Himmel und Erde."

Ganz abgesehen davon, dass man diesen ersten Satz der Bibel auf unterschiedliche Weisen übersetzen kann, wie ich entdeckt habe, die meiner Meinung nach alle von Gott intendiert sind, zeigt uns dieser Anfang der Tora, dass Gott-Elohim der Schöpfer ist! Viele Theologen meinen nun, da ‚Elohim' ein Plural ist, sie könnten daraus einen Polytheismus ableiten – und auch das hat mich tatsächlich lange geplagt. Diese Auffassung zeigt aber nur deren Inkompetenz. Ich werde auch die Bedeutung dieses Namens im Laufe meiner Buchreihe aufschlüsseln. Ihr könnt also gespannt sein. Es bleibt ‚spannend'!
Er ist also der alleinige Schöpfer.
Ultimativ.
Es gibt keinen anderen.
Er hat alles so bestimmt.
Das heißt, alles was uns umgibt, wurde von ihm geschaffen!
Alles Sichtbare und Unsichtbare.
Alles Messbare und Nichtmessbare.
Jedes Naturgesetz.

Das heißt auch, dass sogar Atheisten gezwungen sind in der Schöpfung dessen zu leben, den sie negieren.

Seine Luft zu atmen, Sein Essen zu essen, Seine Natur zu nutzen, Seine Naturgesetze auf sich wirken lassen müssen. Pech. Insofern müssten Atheisten eigentlich aufhören zu leben, wenn sie ihrem Glauben, dass es keinen Gott gibt, wirklich umsetzen wollen. Und ich weiß, wovon ich rede, denn ich war früher selbst Atheistin.

Dann geht es weiter im Text.

„Die Erde aber war wüst und wirr, Finsternis lag über der Urflut und Gottes Geist schwebte über dem Wasser.
Gott sprach: Es werde Licht! Und es wurde Licht.
Gott sah, dass das Licht gut war.
Gott schied das Licht von der Finsternis und Gott nannte das Licht Tag und die Finsternis nannte er Nacht.
Es wurde Abend und es wurde Morgen: erster Tag/ein Tag."

Danach wird weiter ‚geschafft' von Gott: Das Gewölbe, das Trockene, Grün, Sonne, Mond und Sterne, Vögel, Fische, Landtiere und zuletzt der Mensch. Der Mensch bekommt sofort das erste Gebot:

„Seid fruchtbar und mehret Euch, bevölkert die Erde, unterwerft sie euch…"

Dann ruht Gott am siebten Tag und schafft damit den Sabbat, den Er als einzigen Tag der Woche heraushebt, heiligt und segnet. Das war wohl das zweite Gebot.

Nun kommt ein Close-up auf die Kreation des Menschen Adam. Und der wird in den wunderschönen Garten Eden gesetzt, damit er ihn bebaue und hüte.

Und dann kommt das SUPERGEBOT, deswegen fett:

„Von allen Bäumen des Gartens darfst Du essen, doch vom Baum der Erkenntnis des Guten und Bösen darfst du nicht essen, denn sobald du davon isst, wirst du sterben.
Dann sprach Gott: Es ist nicht gut, dass der Mensch allein bleibt. Ich will ihm eine Hilfe machen, die ihm entspricht.“

Um dieses Gebot geht es nun!

Und zwar in der gesamten Bibel, von der hier an bis zum Schluss in der Offenbarung, wenn der neue Himmel und die neue Erde gemacht werden.

An diesem Gebot macht sich letztendlich alles fest, inklusive Blut und Opfer, Kriege und alles andere. Deswegen müssen wir uns das sehr genau anschauen und ebenfalls das Umfeld, in das hinein dieses Supergebot gesprochen wurde.

Je länger ich überzeugte Christin war, desto mehr wurde ich wegen dieses Gebotes, genauer wegen dieses Baumes, sauer auf Gott. Jahrelang war ich wütend und wollte von dem ganzen Glauben nichts mehr wissen. Ich fand es ungeheuerlich und mehr als gemein, wenn Gott wirklich ‚Gott‘ war, dass Er diesen Garten so gestaltet hatte. Ob es nun wirklich ein ‚Baum‘ war oder sonst eine ‚Sache‘ ist dabei egal. Meine, oft auch sehr respektlosen Vorwürfe und Litaneien an den Vatergott waren ungefähr folgende:

„Das ist doch fies von Dir! Diesen Baum dahin zu setzen! Du wusstest doch ganz genau, dass die Menschen das nicht durchhalten würden! Dass sie davon essen würden! Und dann sterben werden! Wozu das Ganze? Das war doch Quälerei,

Sadismus… man will doch immer das Verbotene! An so einen gemeinen Gott kann und will ich nicht glauben! Stellt die Falle, in die wir dann hinein tappen (sollen?), sogar selbst auf! Und beklagst Dich dann, dass wir reintappen! Und lässt und büßen bis aufs Blut! Buchstäblich! Wir fallen aus der schönen, heilen Welt heraus nur weil Du da so einen be…... Baum hinstellen musstest als ‚Test'! An so einen grausamen Gott, dem es Spaß macht, seine Kinder zu veräppeln und aufs Glatteis zu führen, werde ich nicht mehr glauben! Und sie sogar noch dazu zu verführt, abzufallen! Wenn wir nicht von dem Baum essen sollen, warum stellst Du ihn da rein? Gemein! Und dann erlaubst Du diesem elenden Fiesling Satan, die Menschen zu verführen, präsentierst sie ihm auf dem silbernen Tablett zum Fraß! Hättest Du ihn einfach draußen gelassen, wären wir heute noch im Paradies und alles wäre wunderbar! Da glaube ich ja lieber noch an Buddha oder so…"

So und ähnlich lauteten meine Vorwürfe als junge Christin an Gott. Das war wirklich der Hauptgrund, neben noch zwei anderen großen Punkten, die aber dieses Buch ebenfalls sprengen würden, sie sind selbst zwei riesige Forschungsgebiete, dass ich nicht mehr an den Gott der Bibel glauben wollte und konnte. Und damit irgendwie auch nicht mehr so richtig an Yeschua glauben konnte, der ja die Tanach und den Ewigen Gott voll legitimiert und behauptet hatte, dass die Schrift nicht gebrochen werden könne!

Daraufhin habe ich mir nochmals andere Religionen angeschaut und kam zu der Erkenntnis, leider, dass es nirgends etwas Besseres gab, als den Glauben an Yeschua: Rettung, Erlösung, ewiges Leben! Mein Fazit war: Wenn es Yeschua nicht ist, dann ist es keiner.

Ganz davon abgesehen, dass ich als Gläubige auch schon viele Wunder und Gebetserhörungen früher, vor meiner Wut auf Gott, erlebt hatte. Das alles zog mich zurück.

Und ich fing wieder an, die Bibel zu lesen und den Höchsten anzumotzen. Bis Er mich irgendwann zum Glück innerlich an die Hand genommen und mir das Ganze erklärt hat, buchstäblich. Oder eher, er hat mich auf das richtige ‚Gleis' gesetzt. Nicht, dass man jetzt denkt, ich wäre wahnsinnig oder schizophren und würde Stimmen hören. Nein. Jeder, der den Heiligen Geist hat, sollte wissen, wie das ist. Er sagte innerlich zu mir:
‚Jetzt überleg doch mal. Was ist denn meine vorherrschendste Eigenschaft, was würdest du sagen?'
Hm. Ich überlegte. Tja, Yeschua hat immer was von ‚Liebe' gefaselt und sogar im Alten Testament steht oft, dass Gott langmütig und barmherzig ist und gerne vergibt und so weiter. Also antwortete ich ihm innerlich: ‚Das ist dann wohl Liebe?'
‚So, dann versuch doch mal das Ganze mit meiner Liebe für die Menschen zu erklären und stell mich nicht als unfairen, gemeinen Tester hin. Lies alles nochmals, sei logisch und schau, was Yeschua sagt und die anderen im Neuen Testament…'

Das war ein neuer Ansatz. Ich fing an zu forschen. Meine Kernfrage an Ihn von da an war:

„Wie kann ich das Hinsetzen dieses Baumes mit der Liebe Gottes, mit Seiner Liebe für uns Menschen erklären? Geht das überhaupt?"

Ich ging zurück zum Anfang:

„Am Anfang schuf Gott …"

Von da an habe ich das Ganze, das heißt die ersten Kapitel, wieder und wieder gelesen, parallel das Neue Testament und weitere Teile des Altes Testament… lag nachts wach und die Texte kreisten in meinem Kopf… ich wurde fast irre darüber… ich ‚kaufte' von Ihm.

Ich investierte viel Zeit und Geld in Recherchen und Nachdenken… und langsam erlebte ich eine Gottesdämmerung, langsam fing mir an zu dämmern, wie alles zusammenhängen könnte.

Ich hatte bis dahin Hunderte von Predigten und Vorträge zu biblischen Themen gehört, Hunderte von Fachbüchern gelesen über die Bibel - an was und wen man glaubt ist schließlich in Ewigkeit existentiell. Ich wollte schon immer wissen. Aber das, was ich nun neu und allein herausgefunden hatte, stand NIRGENDS!
Hatte Gott mich auf diesen außerordentlichen Erkenntnispfad gesetzt, weil ich einfach nicht aufgehört hatte, wissen zu wollen? Weil es mich so gequält hatte? Weil ich sonst nicht mehr hätte glauben können? War es Ihm wirklich so wichtig, dass ausgerechnet ich kleines Menschlein glauben konnte? Auch noch eine Frau, und Frauen stehen ja selbst bei vielen Christen nicht so besonders hoch im Kurs. Dazu auch noch aus genau der Nation, die Seinem Volk Israel unsagbare Gräueltaten angetan hatte (an alle Juden: Das tut mir so weh!). Wollte Er so sehr, dass ich an Ihn glauben konnte, dass ich sozusagen ‚Sondererkenntnisse' bekam? Allerdings bekam ich nichts davon ‚umsonst'. Es hat mich in jeder Hinsicht extrem viel gekostet. Wenn ich allein schon an die vielen Nachschlagewerke denke, die ich anschaffte, die durchwachten Nächte…

Nachdem ich jahrelang gegraben, gemotzt, recherchiert, mich gequält, analysiert etc. hatte - plötzlich bekam ich tatsächlich wahre Erkenntnisschübe. Buchstäbliche ‚Downloads', die eigentlich bis heute nicht aufgehört haben. Ich könnte Bücher über Bücher darüber schreiben.

„Im Anfang schuf Gott Himmel und Erde; und die Erde war wüst und wirr, Finsternis lag über der Urflut und Gottes Geist schwebte über dem Wasser. Gott sprach: Es werde Licht!"

Halt. Plötzlich fiel mir auf, dass Yeschua sagte, er sei das Licht der Welt. Johannes sagt, ‚am Anfang war das Wort', also Yeshua, und durch das Wort wurde die Welt gemacht. Die Juden sagen, durch die Tora wäre die Welt gemacht. In der Offenbarung steht sogar, dass der Himmel kein Licht braucht, weil Gott selbst so licht ist.
Wie konnte es dann sein, dass es Finsternis gab über der Urflut? Wenn der lichte Gott etwas schuf, würde es doch zwingend auch licht sein? Und Gott war darüber hinaus der Gott der Ordnung, der Gesetze, der Gerechtigkeit... und die Erde war wüst und wirr? Also chaotisch.
Hier stimmte etwas nicht!
Es war schlichtweg nicht möglich, dass der Gott der Ordnung und des Lichtes etwas Wirres und Finsteres schuf. Plötzlich fielen mir Stellen ein wo Yeschua zum Beispiel sagte, dass er Satan wie einen Blitz vom Himmel fallen sah...
Ich hatte bis dahin immer gedacht, und es auch so gelehrt bekommen, dass Satan durch den Tod und die Auferstehung Yeschuas vom Himmel gefallen sei, und hinausgeworfen wurde, als Yeschua endgültig als auferstandener Hohepriester und Retter einzog.

Aber konnte es sein, dass das gar nicht stimmte? Denn der einzige, der mir bei Finsternis, wüst und wirr einfiel war...

Satan! Wo der ist, ist es finster, wo der herrscht, ist Chaos und Gesetzlosigkeit.

Ab dem Moment war mir egal, was ‚Theologen' und sonstige vermeintlich ‚schlaue' Leute sagten.

Es war jetzt klar! Zwischen dem ersten Satz der Bibel und dem zweiten MUSS das große Drama passiert sein! Die Auflehnung des höchsten Engels Satanael/Luzifer gegen den Allerhöchsten! Der Hinauswurf aus dem Himmel inklusive seines Gefolges. Deswegen war es, so in einer anderen Übersetzung, finster, wüst und leer im Abgrund. Das allbekannte Tohu-wabohu!

Ja, Abgrund, das passte zu Satan. Schließlich war es auch logisch, warum es finster und wirr war: Denn Satan hatte kein Licht in sich selbst, keine Liebe, keine Wärme. Das alles kommt nur von und mit Gott! Wenn er nicht mehr in Seiner guten Nähe war, wenn er sich von Gott getrennt hatte, würde es überall wo Satan wäre, finster sein. Logisch.

Gott-los heißt Licht-los.

Jetzt wurde es spannend. Vor meinem inneren Auge mutierte der Höchste nun zum ‚Projektleiter'. Und da ich selbst schon viele große Projekte mit Tausenden von Mitarbeitern in Unternehmen gemacht hatte, wusste ich ein winziges Wenig, wie Er sich gefühlt haben musste. Ja ja, wir haben einen Gott, der fühlt und mitfühlt! Was ich jetzt hier ausführlich darstelle war für den Höchsten und Schlausten natürlich schon vorher klar, aber wir Menschen sind eben langsamer.

In Projekten geht immer etwas schief oder Mitarbeiter machen nicht mit, manchmal ganze Abteilungen, manches stellt sich auch im Nachhinein als suboptimal geplant oder ausgeführt dar. Mehrere Leute ‚spuren nicht' oder arbeiten Dinge nicht rechtzeitig ab. Und der Projektleiter muss sich immer wieder fragen: Wie kriege ich das Ganze immer noch so hin, trotz Hürden und Umwegen, dass das Ziel erreicht wird, dass zum Schluss alles gut wird?

Deswegen schwebte wohl der Geist ‚Ruach' Gottes über der Urtiefe. Sie schaute sich das Chaos an und überlegte, was man daraus machen konnte, ob man überhaupt etwas daraus machen wollte. Wohlgemerkt, SIE, Ruach, das Weibliche, schwebte darüber, war also *kein* Teil der finsteren Urtiefe.

Natürlich wäre es Gott auch möglich gewesen, die ganze Schöpfung auf gut deutsch wieder ‚in die Tonne' zu kloppen, nachdem Satan mit einem Drittel des göttlichen Hofstaats sich aufgelehnt hatte, und selber oberster Herrscher sein wollte. Und weil er nicht herrschen durfte, gleichzeitig aber nicht von seiner Auflehnung abließ, dann wohl nach einigen Abmahnungen endgültig gefeuert werden musste. You are fired – würde Trump sagen! Und Gott hat es offenbar ebenso gesagt.

Doch für Gott war von vorne herein und offenbar immer klar, dass Er auf eine Eigenschaft bei seinen Geschöpfen nie verzichten würde: Den freien Willen!
Er, der Große Allmächtige Geist, wollte einfach keine Marionetten-Lebewesen. Er wollte Menschen als Sein materielles Gegenüber.
Das heißt, auch wenn Er Seine Schöpfung wieder zerstört hätte und Satan und die anderen Verräter gleich mit, was natürlich eine Option gewesen wäre, dann wäre das noch lange keine Garantie dafür, dass nicht im nächsten Augenblick ein anderer hoher Mitarbeiter, eine andere Führungskraft im himmlischen Geistreich rebellierte und das Gleiche nochmals passieren könnte. Unter anderen Vorzeichen, mit anderen Akteuren.

Also hatte der Höchste Gott im Kern nur vier Möglichkeiten:

1. Alles wieder auslöschen, was er geschaffen hatte. Und vielleicht nochmals ganz neu von vorne anzufangen – mit gleichen Risiken!

2. Gar keine vernunftbegabten beseelten Wesen mehr zu schaffen

3. oder eben Wesen ohne freien Willen (was für Ihn nicht in Frage kam)

ODER

4. Das Projekt ein für allemal durchziehen! Herausfinden, wer Ihn liebt und wer nicht. Dem Bösen die Gelegenheit geben, auszureifen, und Satan darstellen zu lassen, was es heißt, unter seiner Fuchtel, unter der Herrschaft des Anti-Gottes, des Anti-Messias leben zu müssen. Ein ultimatives Pilotprojekt! Mit ewigen Learning-points. Allen im Himmel und auf der Erde ein für allemal klarzumachen, dass Glück, Liebe, Gerechtigkeit und Sinn nur bei dem guten und liebevollen Schöpfer zu finden sind. Gleichzeitig würde Er einen Weg finden und schaffen, dass die, die Ihn liebten, nicht wieder sündigen müssen, dass sie nie wieder in Gefahr kommen könnten, gegen Ihn zu rebellieren, sich aufhetzen zu lassen. Trotz freiem Willen!

Tja. Da wurde mir klar, dass sich der große, allewige Projektleiter des Universums in Zeit und Ewigkeit für Nummer vier entschieden hatte, ja, daß er sich dafür buchstäblich entscheiden musste! Das hätte ich auch so gemacht. Ein für alle Mal die Sache durchziehen, alle Konsequenzen laufen lassen, Tod und Leben auszuloten, das Böse, die Auflehnung, die Anarchie seinen Lauf nehmen lassen, sichtbar werden zu lassen, wohin Satan führte! Und trotzdem steuernd einzugreifen und den GAU zu verhindern. Damit alle sehen, was daraus wird, wenn man vom Guten Gott, vom Ewigen Guten Vater, abfällt. Und dem Bösen mehr glaubt.

Denn Satan dachte ja offensichtlich, er könne das, was der Höchste kann, auch. Mehr noch, er dachte eventuell, er könne es womöglich besser! Er hat sich überhoben. Und er wollte das, was der Höchste hatte und bekam ebenfalls: Anbetung, Lob, Liebe seiner Geschöpfe.

Von da an gab es also zwei Seiten: Gegner.
Der ultimative Dualismus.
Auf Leben und Tod.
In Ewigkeit.

Satan hatte es nicht nur geschafft, ein Drittel der Mitarbeiter Gottes zum Aufruhr zu überreden, nein, schlimmer noch, er könnte das dauernd und jederzeit auch bei jedem anderen Lebewesen immer noch versuchen. Jeder hatte ja einen freien Willen!
Und Gott war klar, dass Satan bei jeder Seiner neuen Gottes-Schöpfungen auch wieder versuchen würde, diesen zu ,bekehren' vom Schöpfer weg. Die Geschöpfe ,umzudrehen'. Satan würde versuchen, jedes Lebewesen davon zu überzeugen, Gott nicht anzubeten, Ihm nicht zu dienen. Mehr noch, Satan und seine Engel würden versuchen, alle auf ihre verdorbene, rebellische, überhebliche Seite zu ziehen. Er, Satan selbst wollte die Anbetung, wollte Bewunderung.

Satan war ab nun der große Gegenspieler, der bei allen Lebewesen mit freiem Willen, die Gott schaffen würde, aufschlagen und versuchen würde, sie mit Versprechungen dazu zu bewegen, mit Lug und Trug, sich ebenfalls von Gott abzuwenden und sich für ihn zu entscheiden. Für seine Anarchie, für seine Lügen, die er als ‚Große Freiheit' und als ‚obercool' und ‚modern' verkaufen wollte.

Interessant ist nun zu sehen, nach meiner Theorie, dass Gott erst kreiert, als Satan bereits herab gefallen ist. Auch wenn er im Stab Gottes einst als Lucifer, das heißt offenbar als ‚Lichtträger' geschaffen wurde, so war er nur Träger des Lichtes und nicht das Licht selbst.

Da Yeschua jedoch sagt, dass ER das Licht ist, darf man annehmen, dass es Satans größte und höchste Aufgabe war, Yeschua, den Sohn, den Prinzen, zu ‚tragen', Ihm zu Diensten zu sein. Das hat ihm wohl nicht gepasst. Er wollte wohl nicht nur Träger sein, verweltlicht ausgedrückt, die Wandhalterung für die große Fackel, der Arm oder Stamm der Menora etc. Er wollte selbst groß sein, Licht sein, angebetet werden.

Da das eigentliche Licht nun von Anfang an und auch heute noch im Himmel ist, hatte er nach seinem Abfall *kein* Licht mehr – also *muss* Finsternis ihn umgeben. Das ist folgerichtig. Da er das Gesetz Gottes und Seine Heilige Ordnung *nicht* ausführen wollte, hat er jetzt nur noch die Unordnung, die Anarchie zur Auswahl. Denn auch das Gesetz blieb bei Gott. Gott IST Gesetz. Gott IST Ordnung. In Seinem Wesen! Untrennbar! Wenn man sich also von Gott trennt, trennt man sich gleichzeitig von Seinem guten Gesetz von Seiner guten Ordnung. Automatisch.

So wurde Satan - und ich bezweifle, dass ihm, der selbst ein Geschöpf war, das vorher bewusst gewesen ist - durch seine Rebellion und seinen Abfall logischerweise alles Gute, das wesensmäßig aus Gott stammt, entzogen. Er hatte eben nicht die Gedanken Gottes, er kannte Seine wunderbaren Pläne nicht, Satanael wusste nicht, wie alles ganz genau zusammenhing!

Ich wette, er und seine Anhänger waren selbst überrascht, als sie vom warmen Himmel in den kalten und tiefen Abgrund gestürzt wurden, der dadurch womöglich erst entstanden ist.

Pech gehabt.

Wie viele Menschen Pech haben werden, wenn der Restsegen Gottes, der uns seit der Flut immer noch umgibt, sie gänzlich verlassen wird. Deswegen heißt es auch, daß die Gottlosen in die Finsternis geworfen werden. Zum ihrem finsteren Satan, den sie sich ja auch im Leben ausgesucht hatten.

Momentan erlaubt Gott Satan nicht völlig in Seiner Welt herumzufuhrwerken. Der Höchste hat bestimmte Gesetzmäßigkeiten festgelegt, die Satan *nicht* verändern darf. Egal was er macht. Der Restsegen ist da. Saat und Ernte. Ursache und Wirkung, Tag und Nacht. Physik. Schwerkraft… all diese guten, verlässlichen Gottes- und Naturgesetze, und so weiter.

Und – jetzt kommt etwas für mich sehr Wichtiges. Ich hatte mich schon immer gefragt, warum Er das so gemacht hatte. Plötzlich wurde es mir klar.

DANN erst kreiert Gott!

Und zwar, was bestimmt unüblich für Ihn war, kreiert Er in Schritten. Himmel und Erde – puff, schnipp – waren sofort da! Vielleicht sogar durch den ‚Urknall'.

Und alles war! Sofort!

Nun aber arbeitet Er, der Allmächtige, in Schritten!

Nach jedem Schritt hält Er inne.

WOW!

Warum nur? Darüber habe ich lange nachgedacht. Und ich bin mir recht sicher, dass es wirklich einen Grund hatte. Der Höchste macht NICHTS ohne guten Grund. Ich glaube, es war deswegen, weil jetzt jede Kleinigkeit, jedes Atom stimmen musste. Systemisch, kybernetisch, in Tausenden von Dimensionen, die wir Menschen gar nicht kennen, musste alles zusammenpassen.

Dann, nach jedem Schritt beziehungsweise Tag, besieht er sich die Konsequenzen jedes Arbeitsabschnittes. Denkt sie durch, rechnet sie durch. Nach jedem Schritt, der bestanden hatte vor Seinem scharfen Auge, sagte Er ‚gut'. Er hakt es ab, gibt Sein Okay.

Ich stelle mir immer vor, dass Er, selbst Er, der große allmächtige RiesenHexaEternaOlam-Computer, eine Sekunde innehalten musste, um alles mit ALLEN möglichen Einflüssen, Entscheidungen und Folgen „durchzurechnen". Um zu prüfen, ob jeder Schaffensschritt die Funktion haben würde und die Ergebnisse zeitigen würde, die Er zu guter Letzt haben wollte. Daran allein kann man schon sehen und fühlen, wie hochkomplex das Rettungswerk in allen Dimensionen sein würde.

Ganz zum Schluss, nachdem Er die Tiere und dann den Menschen geschaffen hatte als Sein Ebenbild mit Seinem Odem, bekam die materielle Schöpfung sogar das Prädikat ‚sehr gut'.

Warum sehr gut?

Weil alles halten würde!
Weil alles bestehen würde!

Egal, was wer auch immer machen würde mit seinem freien Willen, egal welcher Herrscher, egal welcher Dämon, egal welches Lebewesen alles falsch und gegen Ihn machen würden, egal wie schlimm Entscheidungen und deren Folgen sein würden – das System Erde und Himmel und Erlösung würde möglich sein.

Es würde HALTEN!
Das heißt auch, es würde letztendlich IHM dienen. Er würde das Gute und GERECHTE durchsetzen können. Schlussendlich.

Das gesamte System war so abgestimmt, dass Er darin Satan bekämpfen würde können und Seine Schöpfung und die Menschen beschützen würde können. Dass Er die, die das wollen, retten würde können!

Warum hat er in Schritten gearbeitet?
Ich vermute, Er wollte auch sehen bzw. simulieren, wie Satan auf jeden Schritt reagieren würde. Da der einmal das zweithöchste Wesen war, war Satanael nun auch nicht dumm oder gar ohnmächtig. Außerdem hatte er noch ein paar Millionen von ‚Soldaten' mitgenommen, die auch nicht ganz unmächtig waren.
Wenn wir Menschen schon eine gewisse schöpferische Macht haben, wenn Gott zu uns sagt ‚Ihr seid Götter', ihr seid Mein Abbild - wie mächtig und wie schlau war erst der Zweithöchstc im obersten Gremium!
Dumm und willensschwach, das wusste Gott aus Erfahrung, denn so hatte Er ihn geschaffen, war Satan nicht! Er war als höchster und schönster und schlauster Engel geschaffen, kam also gleich nach Ihm und Yeschua. Noch vor den Cherubim, vor den Erzengeln Michael, Gabriel, Uriel – deswegen haben sogar diese hohen Wesen einen gehörigen Respekt vor Satan.

Zwar wusste Er, der Höchste, auch, dass Satan Ihm nicht überlegen war. Und dass der als Geschöpf vernichtbar und eliminierbar wäre, dass Er ihm jederzeit den Strom „ausknipsen" könnte, ihn in die Wüste schicken könnte, ihn unwiderruflich vernichten könnte, im Handumdrehen. Aber hier bzw. in den nächsten Jahrtausenden würde es nicht um Gott gehen. Sondern um die weitaus schwächeren Dummköpfe, die Menschen. Aber auch um die Tiere. Um jedes Lebewesen, dass Er, Gott, schaffen würde. Das war der ‚Spieleinsatz'. Und Er musste nun ein System schaffen, das es Ihm ermöglichen würde, jeden zu warnen. Jedem die Wahl zu geben. Bewusst!

Das heißt, so würde ich das als Projektleiterin bezeichnen, Er brauchte verschiedene Pläne, verschiedene Szenarien. Milliarden davon.

Er hatte natürlich Seinen Plan A – die ‚best practice':
Alles ohne Probleme würde durchlaufen, keine Reibungsverluste. Alle entscheiden sich immer für Ihn, keiner je für Satan und seine Verführungen.

Aber es musste noch einen Plan B, C, D bis Z geben. Sogar für den totalen Worst case: Falls jeder oder fast jeder Mensch versagen würde, musste es doch noch funktionieren können. Rettung aus der ewigen Verdammnis und der Satansherrschaft namens ‚Hölle', musste auch im schlimmsten Falle, im absoluten Worst Case, möglich sein!

Plan A wäre die ewige Treue und Liebe der Menschen zu Gott gewesen. Bleiben im Garten, Vollversorgung, Ruhe, eine Arbeit, die er genießt, kein Stress, Fortpflanzung, Kinderchen mit strotzender Gesundheit, Freude, Glück, Frieden für alle in der Gegenwart des Vaters.

Das würde funktionieren, wenn...? Wenn ALLE immer schön einen großen Bogen um den bösen Baum machen. Dann hätten alle immer ein Leben im Paradies.

Nur um kurz vorzugreifen: Das hat ‚der Mensch', Adam, aber anders entschieden!

Gott musste nun also Pläne haben, und ein Umfeld schaffen, in dem es Ihm möglich sein würde, möglichst viele seiner zukünftigen Wesen vor Satan zu retten.
Also hatte Gott die Aufgabe sich nun zwingend eine Methode auszudenken. Er musste die Menschen, die Er noch schaffen wollte als ‚Verwalter der Freude' für die Erde, warnen können. Er musste einen Weg schaffen, wie sie Satan entkommen konnten. Er musste ihnen die Chance geben, den Versuchungen zu widerstehen, die Satan aufbauen würde. Er musste einen geschützten Raum schaffen, zu dem Satan und seine Dämonen-Diener keinen Zutritt haben würden. Einen Raum, in dem der Mensch selbst der ‚gute Herrscher' sein konnte.

Ich bin überzeugt, dass das der Grund war, weshalb auf der Welt der geschützte Garten Eden von Gott geschaffen wurde, der ja klare Grenzen hatte und der im Nahen Osten lag. Also, nicht die ganze Erde war das Paradies. Nur dieser Teil. In Resterde herrschte offenbar bereits der Böse.
Kein Wunder, dass genau dieser Raum, der ‚Nahe Osten', heutzutage das Pulverfass der Welt ist! Israel, Türkei, Syrien, Libanon, Iran, Irak, Jordanien, Saudi-Arabien...

Wenn wir die unsichtbare Welt sehen könnten, so bin ich sicher, würden wir genau über dieser Region Legionen von Geistwesen miteinander kämpfen sehen! Vom Erzengel

Michael ist so ein Kampf in der Bibel berichtet – über Persien. Das ist heute zirka der Iran.

Verstehen wir langsam was läuft?

Genau dieses Gebiet wird Gott nie hergeben. Genau in dieses Gebiet hat Er Sein auserwähltes Volk Israel gesetzt. Und Er selbst wird kommen und dieses Volk verteidigen, wenn fast alle Völker der Erde gegen Israel, Sein Volk und Sein Land, ziehen werden. Ich hoffe, Deutschland wird sich nicht daran beteiligen.
Achtung also.
Wer Israel angreift, bekommt es mit dem Höchsten selbst zu tun. Dieses Volk macht leider nicht alles richtig, sündigt, ist ungerecht und verletzt Sein Gesetz täglich. Es hat durch seine Obersten Führer sogar den eigenen Messias umgebracht vor 2000 Jahren, obwohl das normale jüdische Volk selbst ihn liebte. Und Er hat es bereits unsäglich leidvoll dafür ernten lassen, was es selbst gewählt und gesät hat. ‚Sein Blut komme über uns' – so haben es damals die Priester gesagt. Ich würde sagen, dieser Wunsch ist in Erfüllung gegangen, leider. Aber dieses Volk ist Sein Augapfel, es ist sogar unser Augapfel – durch Israel können wir Ihn sehen und begreifen. So sagt Er es. Also Achtung.

Der Herr selbst sagte: „Das Heil kommt von den Israeliten, von den Juden."
Das Heil - das ist er selbst, das Licht, das Brot des Lebens, die Auferstehung und das Leben. Der Messias der Welt. Der Heiland.

Diese Region ist hart umkämpft. Vor allem hier will Satan siegen! Im Garten Eden.

Denn zu diesem Garten hatte Satan keinen Zutritt. Nie hatte er Zutritt. Auf dem Rest der Erde war er ‚unterwegs'. Dort ‚herrschte' er. Im finsteren Abgrund.

Gott musste nun also ein Umfeld schaffen, in dem es Ihm möglich sein würde, möglichst viele seiner zukünftigen Wesen zu retten vor Satan.

Bei den jüdischen Rabbis gibt es dazu eine interessante Möglichkeit der Auslegung: Sie sagen, der Mensch hätte ja die Aufgabe von Gott bekommen, den Garten zu bebauen und zu behüten. Wozu aber behüten, da er doch perfekt war? Adam, der Mensch, sollte ihn behüten und sozusagen dafür sorgen, dass Satan nicht hereinkam.

Das machen sie daran fest, dass Gott nach jeder Schöpfung immer sagte: Und er sah, dass es gut war.

Plötzlich sagt Er jedoch: ‚Es ist *nicht* gut, dass der Mensch allein bleibt'.

Warum das? Hatte Adam schon Kontakt mit Satan aufgenommen oder umgekehrt? War Eden schon nicht mehr wirklich Eden, weil Adam sich bereits ‚unterhalten' hatte mit dem Bösen? Und er dadurch Zutritt bekommen hatte?

Auf jeden Fall könnte es in diesem Zusammenhang so sein, meinen sie, dass Adam die ‚Hilfe' bekommen hatte in Form einer Frau, die aus seinem Fleisch geformt wurde. Das Ziel wäre: Adam sollte besser widerstehen können und sich nicht zum sich Unterhalten an Satan wenden müssen. Adam brauchte dringend Hilfe im Kampf gegen Satan, damit er nicht dessen Lügen anheim fallen würde. So legen es offenbar manche Israeliten bzw. Rabbis aus. Und ich finde das durchaus plausibel.

Übrigens, ein Wort an alle überheblichen Männer: Das Wort, das Gott hier für Gehilfin benutzt ist *ezr kngdo*.

Eine Hilfe ihm GEGENüber! Also, keine unterwürfige kleine Hausfrau, die nie aufmuckt. Sondern ein würdiges Gegenüber, eine loyale Opposition, die ihn spannend in Frage stellen sollte. Aber ihm auch helfen sollte. Das Wort für Hilfe, *ezr*, ist übrigens genau das gleiche Wort, das zum Beispiel im Psalm steht: ‚Woher kommt mir Hilfe? Meine Hilfe kommt vom HErrn, der Himmel und Erde gemacht hat!'

Gott verwendet also für die Frau dasselbe Wort, das Er für sich selbst verwendet! Damit stellt Er die Frau von Anfang an auf Seine eigene Stufe. Das nur zu den überheblichen Männern und Kirchenmännern – in allen Regierungen, Religionen und Kulturen, die glauben, sie wären uns Frauen deutlich überlegen und wir müßten uns von ihnen bevormunden und unterdrücken lassen.

Und nun kommt die Antwort, die Gott mir gegeben hatte, WARUM Er diesen vermaledeiten Baum der Erkenntnis dort hingestellt hat, dass er dort einfach stehen musste, ganz in der Mitte, wo jeder ihn sehen konnte:

DAMIT Gott uns warnen konnte!

Mit dem Setzen dieses Baumes in die Mitte, klar und deutlich sichtbar, begrenzte Gott den Angriffspunkt Satans auf diesen einen Baum! Ist das nicht toll?

Adam und auch Eva, alle Menschen, würden genau wissen: Wenn Satan angreifen wollte, würde er keinen anderen Ort haben anzugreifen, als NUR dort! Sie würden genau wissen, wo Satan angreifen durfte und würde und, halten wir uns fest, und wo er auch angreifen *sollte*!

Alle anderen Angriffspunkte muss Gott ihm verboten haben! Nur dort sollte und durfte er angreifen, klar begrenzt und absolut auffällig. Genau in der Mitte.

Sichtbar für alle. Ohne Zweifel.

Besser konnte Gott den Menschen nicht schützen und warnen gleichzeitig!

Nur dieses EINE Gebot würden die Menschen halten müssen. Diese eine Gebot, das in sich warnende Gnade war, ein ultimatives Schutzgebot, würde reichen, wenn Adam wirklich Gott gehorchen und Ihn lieben wollte und auf Seiner guten, hellen Seite bleiben wollte!

Ist das nicht großartig? Aber es geht noch weiter.

Eine weitere Frage von mir war immer, warum es denn so schlimm war, dass Adam und Eva von dem Baum der Erkenntnis gegessen hatten. War denn Erkenntnis schlecht? Jeder heutzutage strebt doch nach ‚Erkenntnis'. Ich auch. Lernen, forschen, erfinden... Das konnte doch nicht schlecht sein!
Auch diese Frage quälte mich lange. Auch damit habe ich Gott bombadiert. Schon aus Eigennutz, für mich selbst. Durfte ich nun nicht mehr nachforschen, nachfragen, ringen um Erkenntnis? Sollte ich jetzt etwa aufhören zu lernen, zu lesen, zu recherchieren, zu fragen? Wo ich Wissen so liebe?
Bis Gott meinen Blick auf den ganzen Namen lenkte. Da fiel es mir wie Schuppen von den Augen. Denn das Ding hieß nicht ‚Baum der Erkenntnis', sondern ‚Baum der Erkenntnis von Gut und Böse'!

Wow, es wurde mir klar: Bis dahin kannten die Menschen nur was? Natürlich, das Gute! Es gab *nur* Gutes unter Gottes gnädiger Gegenwart, in seinem fruchtbaren Garten:
Keine harte, stressige Arbeit, kein Blutvergießen (aha, Blut!), keine Kriege, nur Wärme, Vollversorgung, Liebe, Vertrauen, Sinn, Freude, Spielen, Glück...

Der Umstand, dass die dummen Menschen von diesem Baum gegessen haben aufgrund von Lügen Satans, bedeutete gleichzeitig, dass sie das BÖSE kennenlernen wollten!

DAS war der Sündenfall!

Die, die von wunderbar Gutem umgeben waren, wollten das Böse kennenlernen! Sie WOLLTEN Satan kennenlernen und seine Dämonen, Betrug und Lüge, Überlebenskampf, Drogen, Perversion, Sorgen, Angst, Krieg, Blutvergießen...aha... Blut...

Die Lockungen Satans im Garten: Komm, nur mal kosten...

...kommt uns das nicht bekannt vor?

Komm, nimm doch mal einen Zug, ist doch nur ein bisschen Cannabis, Shit, Haschisch.
Und dann ist er drogensüchtig.

Komm, las uns doch Drogen, Cannabis legalisieren...
Und dann können wir ganze Generationen bekiffen und die schalten dann schön ihr Gehirn aus.

Komm, trink doch mal, wer keine Flasche Gin verträgt ist doch kein Kerl!
Und bald ist er Alkoholiker.

Komm, probier doch mal, ein richtiger Mann muss doch mal in einem bei einer Hure, im Bordell, gewesen sein...
Und bald lässt er sein Geld nur noch bei Huren, bekommt Syphilis, macht sich mitschuldig an Menschenhandel, Folter und anderem Teufelszeug.

Komm, einmal nur spielen am Spieltisch, am Banditen…
Und dann ist er spielsüchtig.

Komm, hab doch Sex, das ist doch was Gutes, Natürliches, Sex haben mit 13, 14, 15 Jahren, sonst bist du uncool… Heiraten brauchst Du dazu nicht, da wärst Du ja blöd. Wir sind doch frei.
Und dann ist sie eine allein erziehende Mutter mit 15, 16, 17 Jahren und weiß nicht, wie sie ihr Kind ernähren soll, der ‚Vater' ist weg… war doch alles nur ‚zum Spaß'. Und das kleine Kind wächst mit dieser Belastung auf.
Oder wird sogar durch Abtreibung ermordet.

Komm, probier's doch auch mal mit einem Mann, anal etc.
Und dann hat er Aids.

Sehen wir es?

Es sind heute noch die gleichen Lügen. Satan macht ganze Arbeit.
Immer die gleichen Lügen, der hat sich nicht verändert:
Komm, probier doch mal… das macht nichts… du wirst sehen… das muss man doch kennen… das eine Mal… du bist out, mehr noch, du bist nicht NORMAL, wenn du kein Smartphone hast… keine Pornos schaust… nicht masturbierst… nicht abtreibst, ist doch nur ein Zellhaufen ohne Leben … keine Pille nimmst … nicht mal Homosexualität ‚probiert' hast, das muss man doch auch einmal gemacht haben… oder zu Huren gehst, egal, wenn die noch minderjährig sind und aus dem Menschenhandel der Mafia stammen… und Prostitution ist sogar legal in diesem moralisch dreckig gewordenen Deutschland, regiert von fake-‚C'-Parteien!

Und sei schön egoistisch, du brauchst nicht auf dich achten, wenn du todkrank bist, kannst du Dich einfach bei anderen bedienen oder einfach einen Sterbenden ausweiden und dir sein Blut, Knochenmark oder gar seine Organe holen…

Komm, nur einmal… es macht nichts, du wirst nicht sterben… nur einmal… und dann noch einmal…

…UND DANN HAB ICH DICH!

Ja. Der eigentliche Sündenfall war nicht das Essen von diesem Baum, wie ich früher immer gedacht hatte! Der eigentliche Sündenfall lag darin, dass…

SIE DAS BÖSE KENNENLERNEN WOLLTEN!

All das kennenlernen wollten, was Gott *nicht* war!

Auch hier würde ich sagen, der Wunsch ist in Erfüllung gegangen! Die Menschheit hat in unseren Tagen einen Grad von Bosheit und Kriminalität erreicht, der kaum mehr zu toppen ist. Wenigen Milliarden-Reichen gehören 95 Prozent des Weltvermögens. Dem Rest der Rest.
Ich sage Euch, Ihr Reichen: Lest das Gleichnis, das Jesus selbst erzählt – vom armen Lazarus und dem reichen Mann! ‚Freut' Euch schon einmal.
Das heißt, nicht Gott hat sie im Prinzip aus dem wunderbaren Garten Eden hinausgeworfen. Auf hebräisch heißt der Garten gan eden – *gn adn*. Wobei *adn* auch Lieblichkeit und Lust heißen kann. Aus dem Lustgarten, dem Garten der Lieblichkeit.
Nein.
Mit dieser Entscheidung für das Böse hatten *sie sich selbst* aus dem Guten, aus Eden hinaus katapultiert!

Denn die Frucht der ‚Erkenntnis' war mit einem Katapult versehen.

Was war Gottes Warnung noch mal gewesen?

„Denn sobald du davon isst, wirst du sterben".

Das heißt übersetzt: Du wirst den Tod kennenlernen! Das kennenlernen, was ultimativ und wirklich Böse ist und zum Schmerz und Tod führt. Denn, so heißt es später in der Schrift, der Tod ist unser letzter Feind! Und er kam nicht durch Gott, wurde nicht von Gott gemacht. Deswegen wird er zum Schluss, am Ende der Weltgeschichte, auch wieder abgeschafft, zusammen mit Satan und allen seinen Dienern, denn der hatte ihn durch seinen Abfall erschaffen.

Auf Hebräisch im Urtext heißt das:

„…denn am Tag, an dem du davon isst, Tod wirst du sterben":

„… ky byum Akld mmnu *mut tmut*."

Genau genommen müsste man übersetzen:

‚Tod du (bist) Tod'

Dazu muss man wissen, dass im Hebräischen sehr häufig das Präsens steht. Da steht kein Futur. Nicht ‚du wirst', sondern ‚du bist'.
Sofort.
Das heißt, der Mensch würde durch das Essen sofort eine unwiderrufliche Wesens-, Körper- und Umfeldveränderung durchmachen.

Zwingend.
Per Gesetz.
Dominoreaktion.
Mut tmut.

Der Mensch *wird* zum Tod! Er ,wird' nicht sterben. Das ist aus meiner Sicht und Kenntnis völlig falsch übersetzt. Er IST gestorben am Tag des Essens. Er ist (der) TOD, der tote Mensch. Auch wenn er (noch) lebt.
Der Zombie.
Mit allem drum und dran. Alle Schmerzen des Lebens und des Sterbens hat er sich damit selbst eingehandelt. Dominoreaktion. Er befindet sich ab diesem Tag in Agonie. Im Sterben.

Vor diesem Hintergrund werden die Worte Yeschuas erst richtig interessant!
„Wer da lebt und glaubt an mich, wird *nicht* mehr sterben. Er ist vom Tod zum Leben durchgedrungen."
„Ich *bin* die Auferstehung und das Leben."

Der Baum war der Tod. Und Yeschua ist das Leben.

Hallo! Sehen wir das Prinzip?

Das sei einmal an alle Juden gesagt, vor allem an alle, die Hebräisch können. Lest Eure Tanach mit offenen Augen, lest das Neue Testament. Euch werden die Augen herausfallen, was Euer Messias zu sagen hat.
Er, Sein Name, ist das *Gegengift* gegen den Tod! Und auf der ganzen Welt gibt es kein anderes. So schreibt es schon Jesaja. So schreibt es Zacharias – der nennt sogar den Namen des Messias, welcher ,Yeshua' ist. Das ist die Wahrheit.

Yeshua: „Wenn ihr nicht glaubt, dass *ich* es bin, werdet ihr sterben (oder tot sein?) in Euren Sünden."

An dieser Stelle haben die Skeptiker, die Gott alles Leid vorwerfen und Ihn anklagen, warum Er das alles geschehen lässt, im Prinzip Recht.

Er *hat* das alles geschaffen. Und *alle* Regeln, nach denen es abläuft, hat Er auch geschaffen. Es ist aber nicht alles S*ein* Wille!
Weil eben gegenläufige Interessen der Rebellen existieren.

Trotzdem weiß der Höchste, dass in letzter Instanz Er verantwortlich ist. Deswegen hat Er auch den sicheren Weg heraus geschaffen. Und dieser Plan bestand von vornherein.
Nach dem Sündenfall wurde der neue Plan auch Adam und Eva direkt verkündet. Sofort. Gott brauchte keine Auszeit, um nachzudenken! Die Antwort und die Folgen wurden sofort verkündet. Denn Er hatte bereits alles sehr gut ‚durchgerechnet'.
Plan B bis Z war da!!! Sorry, ich muß eher sagen Plan Beth bis Taw war da!

Und der neue Plan würde Gott ALLES kosten.
Er selbst, höchstpersönlich, würde ALLES bezahlen. Er hat alles geschaffen, Er hatte alles vorausgesehen, Er hat alles bestellt und Er bezahlt auch. Das war für unseren Großen Gott, den Vater, von vorne herein klar.

Denn Eines war sicher: Er würde sich nicht heraushalten!

Und nur die anderen, die dummen Menschen leiden lassen, die Er eigentlich geschaffen hatte, um groß und gut zu sein, um im guten Sinne zu herrschen!

Er würde das ganze Leid seiner Schöpfung selbst durchleben und es auf sich wirken lassen! Und Er würde höchstSELBST die Schneise, den Weg heraus aus dem Dickicht des Todes und des Bösen schlagen!

Deswegen ist der Weg auch schmal, der Weg - Fehltritte inklusive - geht eng hinter Yeschua her: Gerechtigkeit, Ehrlichkeit, Gottesliebe, Nächstenliebe, Seine Gebote halten, Trennung vom Bösen. Alles davon!

Er würde Satan möglichst viele Menschen, möglichst alle, wieder entreißen und ihn und seine Anhänger zum Schluss vernichten. Genauer gesagt würden diese sich selbst vernichten. Satan hatte die Menschheit zwar täuschen und rauben können, aber ER, der Höchste, würde die, die wollen, die unter Satan leiden, die zu Ihrem echten Schöpfer schreien, wieder befreien kommen! Sie mussten nur *wollen*. Ja sagen zu Gottes Wahrheit, zu seiner Erlösung, bereuen, wieder gut machen, aufhören auf Satan zu hören! Das heißt, die Dummen, also wir alle, die nach *Erkenntnis* des Bösen gelechzt haben, sollen nun nach der *Erkenntnis* Gottes lechzen, wie es später heißen würde. Das Land muß *gefüllt* werden mit der ‚Erkenntnis' des Herrn! Die Menschen müssen sich damit füllen, um die ‚Erkenntnis' des Bösen loszuwerden!

Das ist doch eigentlich SOOO logisch, oder? Und von niemandem wird einem das erklärt und gepredigt! Die meisten ‚Kanzelkläffer' kapieren es selber nicht! Okay, das Wichtigste, Jesus, haben die meisten verstanden, wenigstens das, und das bringt auch schon ‚Umkehr'. Aber Umkehr manchmal in den ‚Wahnsinn', wie bei mir! Wie bei vielen ‚Christen'. Ich höre das alles ja in den Gottesdiensten und Hauskreisen etc.

Aber sie haben nicht die ‚ewigen Prinzipien' dahinter kapiert! Die kann man in zwei Jahren Bibelschulchen auch nicht kernen! Deswegen können sie es auch nicht verkünden.

Und eine total widersprüchliche und fast irre Theologie, wie die des NICHTaugenzeugen Paulus, trieb nicht nur mich in die fast-Schizophrenie! Jungen Christen rate ich daher vom Grunde meines Herzens und aus der Tiefe meiner Erkenntnis, heißt Verschmelzung mit Gott heraus: Lasst Paulus und vor allem den Römerbrief weg, wenn ihr nicht gaga werden wollt, wie die Jungen das heute sagen!

Um diese großartigen Prinzipien herauszuarbeiten, da muß der Höchste extra jemanden wie mich, und auch noch eine Frau, ‚berufen'. Tja.

Das bedeutet, die Menschen, alle Menschen, müssen sich mit Gott ‚vereinigen', Ihn in sich aufnehmen, mit ihm verschmelzen – „wer meinen Leib nicht ißt und mein Blut nicht trinkt..." – und *nicht* die Frucht der Erkenntnis des Bösen! Damit die Gottes'erkenntnis' die Satan'erkenntnis' verdrängen und eliminieren kann.

Das ist das Gegengift!

DAS ist der Heilsplan!

Das Einzige, was der Mensch dann noch tun musste, war, sich dafür zu entscheiden! Das heißt, er musste glauben. Aus freiem Willen. Aus Not oder aus Liebe, aus Neugier oder aus Erkenntnisgewinn, ganz egal. Er musste sich nur für Yeschua entscheiden, für die ‚erhöhte Schlange', egal warum. Und das nun aus der Erfahrung heraus, denn nun kannte er ja die Lügen Satans, dann Gottes gute Gebote befolgen.

Das ist wie in dem Film ‚Matrix'. Man muß die ‚inneren Viecher', die ‚Anbindung' an Satan, loswerden. Damit man wieder klar sehen kann. Und das kann man nur, wenn man bereit ist, die Wahrheit zu erkennen und diese in sich aufzunehmen. Und man muß sich im Weiteren vor den ‚Viechern' schützen. Sich mit Gutem füllen. Mit Freunden, mit Erkennern der Wahrheit zusammentun.

Doch der war ‚nur' Plan B his Z.

Plan A wäre ewige Treue und Liebe und Vertrauen der Menschen zu Gott gewesen: Bleiben im Garten, Vollversorgung, Ruhe, eine Arbeit, die er genießt, kein Stress, Fortpflanzung, Kinderchen mit strotzender Gesundheit, Freude, Glück…
Immer schön einen großen Bogen um den bösen Baum machen.

Das hat der Mensch, Adam, aber anders entschieden!

Der Sündenfall

Schauen wir uns nun an, was nach dem Sündenfall geschah. Wir haben im vorigen Kapitel gesehen, dass der eigentliche Fehler des Menschen gewesen war, das Böse kennenlernen zu wollen. Und dadurch wollte er sein wie Gott, der alles geschaffen hatte und alles kannte - naturgemäß.

Genau das ist auch Satans alter Fehler, mit dem er die Menschen anstecken wollte. Der Mensch wollte, dass seine Augen aufgetan werden und er wollte aktiv das Böse, das Gottlose, Satans Welt kennenlernen.

Deswegen musste Gott ihn aus Seiner Guten Welt hinaus werfen. Das war die zwingend logische Folge der menschlichen Entscheidung.

In Gottes Garten, in Sein Reich, wird *nie* Böses hinein dürfen. Kein Rumprobieren. Kein Misstrauen. Keine Sünde. Nur Gutes. Und wer den ewigen Pass, das Codewort nicht hat, nicht verwandelt wurde, kommt nicht hinein.

Was ich mich immer gefragt habe, ist, warum die Menschen, die ja von Gott den Auftrag zu bauen und zu bewahren bekommen hatten, nicht als ersten Schritt den bösen Baum umbaut haben – so wie wir heute einen Mantel um Atomreaktoren bauen, wie in Tschernobyl und Fukushima ein dickes Mauerwerk um die Strahlungsquelle herum gebaut wurde. So, dass keiner je herankommen könnte.

Und ich habe noch mehr Unerhörtes entdeckt. Das Ganze wird nämlich noch schlimmer, als ich mir genau angeschaut habe, welches Wort da steht:

Das hebräische Wort für ‚kennen' wird nämlich immer dann verwendet, wenn es um Geschlechtsverkehr ging. Adam erkannte Eva – das heißt ja nicht, dass er ihr vorgestellt wird! Sondern dass er sich mit ihr ‚vereinigt‘. Manche Exegeten behaupten sogar, dass der Sündenfall mit Sex zu tun hatte. Oder mit Blutvergießen und Mord. Aber ich glaube das nicht, das würde anders geschrieben worden sein.

Das gleiche Wort wird bei ‚erkennen was Gut und Böse ist‘ verwendet.
Das heißt, das Ganze ging viel, viel tiefer. Der Mensch wollte sich buchstäblich ‚vereinigen‘, eins werden mit dem Bösen! Durch das ‚Essen‘ der Baumfrucht verleibte er es sich ein – das böse Gift!
Für immer!
Mut tmut!

Du bist Tod, weil du das Böse tust, es buchstäblich isst. Es in dich aufnimmst. Der Bissen geht in dich hinein. Bis in jede einzelne Zelle. Bis in die Fortpflanzungsorgane. In alle Gene. Infiziert alles.

Das war der stärkste Virus, den die Welt je gesehen hat!

DAS war gravierend.

Wir wissen nicht, und auch ich weiß nicht, was für eine Frucht das war. Ein Apfel war es sicher nicht. Diese Annahme beruht auf der Fehlübersetzung ins Lateinische, ‚Malum‘ kann Böses oder Apfel heißen.
Manche Gelehrte meinen, es müssten Feigen gewesen sein, weil der Feigenbaum dann später ein Sinnbild für Israel wurde.

Ich glaube das eher nicht. Denn Eva aß, weil der Baum ‚eine Lust für die Augen‘ war und Feigen sind nicht besonders schön. Gut, vielleicht sind die auch in Sünde gefallen und

wurden danach ziemlich hässlich, mag sein. Aber diese Früchte müssen fantastisch ausgesehen haben! Denn es steht auch geschrieben, dass die anderen Bäume von Gott sehr schön und ansprechend gemacht worden waren.
Schließlich hatte Ewa Geschmack. Übrigens ist das sehr typisch, dass wir Frauen uns von Äußerem bestechen lassen: Taschen, Mode, Farben, Make-up. Dafür sind wir weit anfälliger als Männer, offenbar schon in Eden. So stark können wir uns also gar nicht verändert haben! Scherz.

Des Weiteren wird berichtet, dass es noch einen weiteren Grund für Eva gab, davon zu essen. Der Baum nämlich „verlockte, klug zu werden". Ja, hallo.

Ewa wollte sich also ‚weiter entwickeln'!
Auch das war mir neu und fiel mir erst kürzlich im Text auf.
Ewa wollte ‚klug' werden!
Das hebräische Wort kann auch mit ‚Klughandeln' übersetzt werden. Das war immerhin ein Grund, der nicht ganz so schlecht war. Allerdings beinhaltet diese Motivation wiederum ein Misstrauen gegen den Schöpfer, denn offenbar ging sie davon aus, das Gott sie nicht klug genug geschaffen hatte, und sie das Gebot übertreten musste, um klug bzw. klüger zu werden. Eine alte Satanslist.

Danach steht nur lapidar, dass sie Adam davon gab und der auch aß. Während Satan also Eva mühsam überreden musste, futterte Adam einfach drauf los! Er stellte noch nicht einmal *eine* einzige Frage! Etwas, das Eva wenigstens getan hatte!

Da fragte ich mich: Schickte er seine Frau womöglich vor? Wie viele feige Männer das mit ihren Frauen machen? Au, vielleicht was das ja doch ein feige-nbaum.

Deswegen können wir den, der einfach das futtert, was ihm hingehalten wird, erst einmal vergessen. Aber vergessen wir nicht: Er war die ganze Zeit dabei. Er hörte Satans Lügen. Er sagte nichts dagegen, er schritt nicht ein, obwohl er es war, den Gott persönlich gewarnt hatte. Vermutlich hatte er es Eva direkt weiter gesagt. Wollen wir das einmal hoffen. Vielleicht auch nicht. Hätte sie es nämlich nicht gewusst, hätte Adam sie also nicht informiert, wäre sie in der Tat unschuldig! Und Adam wäre doppelt böse.

Trotzdem ist Eva und ihre Motivation aufschlussreicher.

Seltsam ist noch vieles in diesem Szenarium:
Waren die anderen Bäume keine Lust für die Augen? War nur dieser Fluchbaum schön? Hatte nur der so verführerische Früchte? Und die anderen Tiere in Eden, neben der Schlange: Waren andere Tiere nicht süß oder konnten reden?

Das kann ich mir nicht vorstellen. Wahrscheinlich war der Baum ,auch' schön. Vielleicht etwas anders. Exotisch. Damit er auch gut zu erkennen und zu unterscheiden war. Damit sich die Menschen nicht ,zufällig' an ihm vergreifen konnten.

Aber warum wollte Ewa klug werden? Konnte sie das durch die anderen Bäume eventuell nicht werden?
Seltsam ist auch, dass Satanschlange ihr das gar nicht versprochen hatte. Er hatte nur gesagt, dass sie keinesfalls sterben werden (das aber hatte Gott ihnen gesagt, also stellt Satan Gott als Lügner hin oder zumindest als den, der ihnen nicht die ganze Wahrheit sagte – und in manchen Bereichen stimmte das sogar), dass am Tag, an dem sie davon isst, ihre Augen geöffnet und sie sein werden wie Gott und erkennen werden Gut und Böse.
Sie hatte das aber kurioserweise so *interpretiert*, dass sie ,klug' werden würde.

Das heißt, das Böse und Schlechte *nicht* zu kennen, hatte sie mit ‚dumm‘ assoziiert?

Na, das kommt uns doch heutzutage allzu bekannt vor.

„Du bist dumm bzw. unnormal bzw. uncool …wenn du das oder das nicht machst!“

Sie fand Gott also klug. Sich selbst aber nicht. Seltsam. Gott hatte sie doch auf keinen Fall ‚dumm‘ erschaffen. Für mich heißt das aber auch, dass zumindest Ewa gar nicht sein wollte wie Gott. Sie wollte ‚nur‘ klug sein, klug handeln können. Schönheit und Klugheit – das waren ihre Beweggründe. Wir armen Frauen. Zwei Dinge, die bis heute für kaum eine Frau zusammen gehen! Soll das ein Teil unserer Strafe sein?

Bei Adam könnte das anders ausgesehen haben. Das ‚Sein-wie-Gott‘, das Satan ihnen zuflüsterte, könnte bei ihm wirklich der Ausschlag gebende Essgrund gewesen sein. Ich bin recht sicher, dass er genau deswegen so schnell auch gefuttert hat. Ohne Zögern, ohne irgendeine Frage.

‚Sie gab ihm, der bei ihr war, und er aß.‘ So steht es da.

Ein Umstand, der ihn außerdem zu einem extrem dummen Kerl machte. Denn das Gebot Gottes wurde Adam gesagt, Adam allein, noch bevor Eva da war. Sicher hatte er es ihr weiter gesagt, sie darüber informiert. Aber nicht Eva wurde wohl von Gott persönlich gewarnt, sondern Adam.

‚Sein wie Gott‘ würde in Adams Vorstellung heißen: Gottes Allmacht zu haben, Seine Kraft, Seine Gewalt, Seine Größe! Das sind alles Dinge, die bis heute von Männern hoch gehandelt und verehrt werden:

Muckis. Kraft. Kämpfe. Hierarchie. Besitz. POWER!

Sich messen. Nach Adam sind ja die meisten Männer herrschsüchtige Paschas. Zuweilen recht gewalttätig, ohne die

Klugheit, ihre eigene Kraft und Gewalt auch zu beherrschen. Die armen Männer. Und an Gott kommen sie weniger heran denn je.

Noch aus einem anderen Grund outet sich Adam damit als extrem dumm. Als regelrechter Trottel.
Offensichtlich konnte und wollte er ja Eva nicht vom Essen abhalten. Klever wäre dann aber gewesen, nun Eva als ‚Pilotprojekt' herzunehmen und erst einmal abzuwarten und zu beobachten, was mit ihr nach dem Ausführen des Verbotenen geschehen würde, und erst dann die ‚Ergebnisse' als Basis für seine eigene Entscheidung zu nutzen. Ganz davon abgesehen, dass er ihr hätte eventuell helfen können, wenn sich das Ganze als für sie nachteilig oder schmerzhaft auswirken würde. Zur Not dadurch, in dem er schnell Gott holt und ihn bittet und anbettelt alles wieder zu ‚reparieren'!
Aber weit gefehlt. Dieser Esel Adam kann es nicht abwarten, ebenfalls sofort zu futtern! Das ist dümmer als die Polizei erlaubt.

Kein Wunder, dass später in Israel durch Moses Gesetze die männliche Erstgeburt durch einen Esel ausgelöst werden musste. Ich glaube nicht, dass das ein Zufall ist: Ein Lasttier, das nicht viel denkt, nicht besonders klug und sehr stur ist. Und mit Karotten motiviert werden kann.
Gott hat Humor!
Mädchen mussten übrigens nie ausgelöst werden.
Ewa hatte wenigstens nachgedacht, sie wollte wenigstens ‚klug' werden. Ihre Beweggründe waren zumindest ‚edler', als es die von Adam wohl waren.

Wie ging es nun weiter:
Ihre Augen wurden (umgehend) geöffnet – das ist übrigens ein Versprechen Satans, das stimmte. Er hatte ihnen schließlich

gesagt, dass ihre Augen geöffnet werden würde. Dieser Teil war also nicht gelogen. Diesen Teil hatte ihnen Gott übrigens nicht gesagt.

‚Und sie erkannten…‘ - auch das stimmte. Satan hatte versprochen, sie würden erkennen. Also, nicht bei allem, was Satan sagt, lügt er! Das macht ihn doppelt gefährlich: Er bettet Lügenelemente in Wahrheiten Gottes ein.

Aber was erkannten sie nun? Gut und Böse, Kluges, Herrliches wie Gott, wunderbare Welten?

Nein.

Sie erkannten… dass sie nackt waren! Haha.

Man müsste sich eigentlich ausschütten vor Lachen. Diese Dussels. Sie haben bestimmt extrem dumm aus der Wäsche geschaut. Von wegen klug werden!

In diesem Zusammenhang habe ich etwas in meiner hebräischen Bibel entdeckt, was mich erschüttert hat. Was mich fast von meinem Stuhl geworfen hat. Das habe ich *nie* irgendwo gelesen, daran hätte ich mich erinnert. Meine Entdeckung würde bedeuten, dass wir *jahrtausendelang* falsch übersetzt haben, weil es nicht nur von uns Christen, sondern sogar im Hebräischen Urtext und von den Israeliten falsch verstanden wurde! Bis heute.

Was um so unverständlicher ist, da Gott diese Wörter in unmittelbare Nähe zueinander gestellt hat im Urtext. Was ein klares Indiz darstellt.

Haltet Euch sich fest, liebe Leser. Ihr werdet gleich einen Schock bekommen.

Das Wort für ‚nackt‘ heißt im Hebräischen ‚arum‘.

Nun ganz ausführlich. Genesis 2, 25:

„Beide, Adam und seine Frau waren nackt, aber sie schämten sich nicht."

Eigentlich steht hier im Urtext „sie sind Nackte".

Dann geht es gleich in offizieller Übersetzung anschließend weiter mit Kapitel 3, 1: „Und die Schlange war schlauer, als alle Tiere des Feldes, die Gott der HERR gemacht hatte."

Manchmal wird das auch mit ,listig' übersetzt.

Was mir nun auffiel, ist, dass dies *dasselbe* Wort ist! Genauer gesagt, es sind die identischen Buchstaben!

,*arumim*' für Nackte, wobei ,im' nur die Pluralendung ist

,*arum*' für schlau/listig!

DA STAUNEN WIR ABER!

Ich finde es in diesem Zusammenhang völlig unzulässig und geistlich gesehen fast kriminell, diese Wörter unterschiedlich zu übersetzen!

Entweder müssen wir übersetzen, ,Adam und Eva waren beide listig."
Oder, was weit wahrscheinlicher ist, und wirklich Sinn macht: „Die Schlange war nackt, mehr als alle anderen Tiere des Feldes"!

Merkt Ihr etwas?
Satan kam womöglich über die Schlange, weil diese Adam und Eva durch ihre Nacktheit ähnlich war! Dazu stand sie offenbar aufrecht vor dem Sündenfall. Die Menschen hatten daher

weniger Misstrauen. So kam Satan ‚durch‘. Die Schlange imitierte. Sie war das Trojanische Pferd Satans. Die anderen Tiere waren wohl nicht so ‚nackt' und nicht so aufrecht gehend.

Wenn nun Adam und Eva nach dem Sündenfall ihre Nacktheit erkennen, heißt das auch, dass sie jetzt sehen: Sie sind so wie Satan und seine Gehilfin, die Schlange! Durch die geöffneten Augen erkennen sie ihre Nacktheit, erkennen sie das Böse bzw. ihre Gleichartigkeit mit ihm. Sie erschrecken. Und die Scham kommt in ihr Leben.

DAS ist die Folge des Sündenfalls.

Schnell machen sie sich, ich folge hier der Bedeutung der Wörter im Hebräischen, Gürtel (keine ‚Schurze') aus Feigenbaumblättern, die sie flochten, um sich zu bedecken. Für ihre Scham, damit sind wohl ihre Geschlechtsteile gemeint.

Und nun kommt schon Gott. Au waja.
Das Universum wurde schließlich erschüttert. Das hat Er natürlich mitbekommen.
Sie hörten ihn kommen, im Wind. Manche meinen, es wäre ein Sturm gewesen. Und Adam und Ewa verstecken sich, sie haben plötzlich Angst vor Gott.

Gott ruft: „Wo bist du?"

Der allwissende Gott wusste sicher genau, wo sie waren, rein geographisch. Sicher meinte Er das metaphysisch: ‚Wo bist du hingeraten?'
Übrigens sagt Gott überraschenderweise nicht ‚Wo seid IHR?'
Für Ihn war ganz klar Adam der Verantwortliche. Und Adam, weiß auch, dass er gemeint ist.

Adam übernimmt nun das Reden, erstaunlicherweise. Der, der bisher nur sprachlos gefuttert hat, redet plötzlich:
„Ich habe dich gehört und habe mich gefürchtet, weil ich nackt bin."

Gott setzt erbarmungslos nach: „Wer hat dir gesagt, dass du nackt bist? Hast du von dem Baum gegessen, den ich dir verboten habe?"

Gott schneidet ihm damit jeden Weg ab, jede Ausrede erstickt Er von vornherein im Keim. Voll auf die Zwölf, wie Yeschua das später auch immer machen würde. Wenn es um Sünde geht, und auch sonst, ist Gott sehr direkt. Keine Gesäusel, kein Getue wie von modernen Christen, kein pseudoliebevolles ‚Ich vergebe dir schon, keine Angst, ich habe dich doch lieb'- Gedöns. Er geht direkt mit uns um! Klar und damit auch im Prinzip recht hart. Das ist die Krux heute. Die ‚Christen' verwechseln klar mit hart. Es ist manchmal nicht zum Aushalten! Hart ist es, in die Hölle zu müssen, weil man die Klarheit Gottes nicht gelten lassen wollte! Das ist der Unterschied zwischen klar und hart!

Und das Einzige, was nun Adam dazu einfällt, ist die Schuld auf Ewa zu schieben. Obwohl *er* von Gott gefragt wurde, ob er, Adam, gegessen hätte. Ein ‚Ja' hätte genügt!
Aber nein. Er sagt:
„Die Frau, die DU mir gegeben hast (Du, Gott, bist mal wieder schuld, und natürlich auch die Frau), gab mir von dem Baum und ich aß."

Adam, der Feigling. Die Petze. Das unfreiwillige Opfer.

Woraufhin Gott sich an die Ewa wendet: „Was, das hast du getan?"

Und sie sagt: „Die Schlange hat mich verführt (aha, das stimmt nun und Ewa sagt übrigens auch nicht: Die Schlange, die DU gemacht hast! Ewa schiebt die Schuld *nicht* auf Gott! Und auch nicht auf ihren Mann!), und ich aß."

Jetzt kommt die Reaktion Gottes. Der GAU war also eingetreten. Der Mensch hatte Satan in Form der Schlange mehr geglaubt als Ihm, seinem Schöpfer.

Jetzt fängt es an zu donnern!

Gott spricht die Strafen aus. Ich nenne es mittlerweile eher ‚Folgen' oder ‚Konsequenzen'. Interessant ist, was Er zu jedem sagt. Denn das hat weit reichende Konsequenzen für die gesamte Menschheit. Hier passiert etwas ganz Spezielles.

Ich mixe hierbei etwas zwischen allgemein bekannten Übersetzungen und dem ursprünglichen Hebräisch, so fabriziere ich sozusagen meine eigene Übersetzung, die Klammern sind dabei immer nur Erklärung, sie stehen nicht im Urtext.

Überaus interessant ist, dass Gott beim eigentlich Schuldigen anfängt, anders als unsere Gerichtsbarkeit. Er fängt beim Verführer, beim Anstifter an. Wie es später aus dem Mund Yeschuas heißen würde:

„…wehe dem, durch welchen Verführungen kommen!"

Zuerst kommt nun der Anstifter ins Gericht und erhält sein Urteil, die Schlange. Zu der …

… Satan-Schlange sagt Gott nun:

„WEIL du das getan hast, bist du verflucht unter dem Vieh und allen Tieren. Auf dem Bauch kriechst du jetzt und frisst Staub alle Tage deines Lebens. Und *Feindschaft* setze ich zwischen dich und die Frau (die du verführt hast und die du auf deine Seite gezogen hast!) und zwischen deinem Samen und ihrem Samen. Er zermalmt dir das Haupt und du zertrümmerst ihm die Ferse."

Zur Frau:

„Ich vermehre deine Mühsal und du gebierst unter Schmerzen deine Kinder und dein Verlangen ist nach deinem Mann und er bestimmt/herrscht über dich."

Und zu Adam:

„WEIL du auf die Stimme deiner Frau gehört und von dem Baum gegessen hast, von dem ich dir verboten hatte zu essen, ist die Ackererde verflucht wegen dir. In Mühsal isst du davon alle Tage deines Lebens. Dorn und Distel lässt sie dir wachsen und du wirst essen die Pflanzen des Feldes. Im Schweiße deines Angesichts isst du dein Brot bis du zur Erde zurückkehrst von der du genommen bist. Denn Staub bist du und zu Staub kehrst du zurück."

Dann erst nennt Adam übrigens seine Frau ‚Chawa', Eva, Mutter des Lebens. Vorher heißt sie nur ‚Männin' – ischa.

Ich habe das oben extra so gesetzt und größer geschrieben, damit hier klar sichtbar wird, was mir aufgefallen war:
Der Text für die Frau ist am kürzesten! Sie kommt im Prinzip mit den geringsten Strafen davon. Viel mehr bekommen die Schlange/Satan und Adam ab.
Das heißt, entgegen dem, was Männer und Kirchenmänner uns seit Jahrtausenden einreden wollen, war die Frau *nicht* die Hauptschuldige, Gott sieht den Hauptschuldigen in der Schlange zuerst und dann in Adam. Diese beiden heimsen sich das WEIL Gottes ein. Eine auch im Urtext klare Ursache-Wirkungs-Relation!
Die eine muss auf dem Staub kriechen und den Staub fressen, der andere muss den Staub bearbeiten und wieder Staub werden. Dadurch wird er sozusagen in seiner Arbeit ewig an seinen Fehler erinnert.
Er muß dann sogar zu dem Staub zurück, das heißt in den Tod. Die Frau nicht! Ihr wird schmerzvolle Vermehrung und die Beherrschung durch ihren Mann prophezeit! Aber KEIN TOD. Hallo!

Insofern rate ich allen Männern, Priestern, Brüdergemeinden und so weiter, natürlich den Muslimen auch und sogar dem Papst: Demütigt Euch unter Gottes Urteil!
Und hört auf, uns Frauen zu verunglimpfen.
Der Höchste tut das nämlich nicht.
Im Gegenteil.

An dieser Stelle ist es mir ein Herzensbedürfnis für alle eingebildeten Männer, Kirchenmänner, Theologen noch eine erstaunliche Information abzulassen, die ich im Zuge meiner ‚Forschungen' entdeckt habe. Im Deutschen kommt diese Info leider nicht durch. Ganz im Gegenteil: Viele Männer denken sogar, dass die Frau Ewa zum von ihr (?) verursachten Sündenfall dazu auch noch von etwas ‚Weiblichem' verführt wurde, da die Schlange im Deutschen weiblich ist: DIE Schlange! Deswegen glauben sie, sie könnten ‚dem Weiblichen' die Vollschuld anhängen! ‚Das Weibliche' verführt und lässt sich verführen und verführt weiter!

Nach Jahrtausenden der Frauendiskriminierung, Gewalt und Mord an Millionen Frauen, von Verbrechen fast aller Religionen und Kulturen am Weiblichen, den Hexenverbrennungen, sonstigen Verbrechen und kriminellen Aktionen des Papsttums und der Kirchen an uns Frauen, Ehrenmorden des Islam, für die sich all diese ‚Institutionen' und die christliche (?) katholische Kirche *nie* entschuldigt haben, nicht einmal ansatzweise, *nie* um Vergebung gebeten haben, oder gar Wiedergutmachung geleistet hätten, ist es mir als Frau und von Herzen Gläubiger eine wahre WONNE, diesen Männern und Pseudotheologen mit gewaltiger Wucht unter ihre arroganten und auch oft kriminellen Nasen zu reiben, dass die Schlange im Hebräischen und im Urtext NATÜRLICH MÄNNLICH ist!

Das heißt, die Frau Ewa wurde von ‚etwas Männlichem' verführt! Von einem Schlangerich! Und der dumme August stand daneben, hat das auch gehört und hat sie nicht abgehalten!

Wer ist jetzt der Schuldige? Hm???

Eigentlich müssten wir Frauen nun die Männer so verfolgen, wie sie es Jahrtausende mit uns Frauen gemacht haben! Aber ihr werdet Euren ‚Lohn' drüben kriegen. Gott ist gerecht. Und Er weiß auch genau, wie alles wirklich ist und war!

Die Muslime glauben sogar, sie müssten ihre Frauen und Töchter züchtigen und schlagen oder gar ermorden! Sogar viele christliche ‚Männer' glauben oft noch, sie dürften ihre

Frauen und Töchter übel ‚züchtigen', da auch das NT kräftig in diesem Sinne von diesen herrschenden Lügnern verändert wurde. Aber der hebräische Urtext liegt wie gleißendes Gold, wie ein schimmernder, Licht und Wahrheit spendender Brillant vor uns und rückt alles zurecht!

Danke, liebe Israeliten, daß ihr Gottes Text so treu und genau über die Jahrtausende bewahrt habt!

Kein Wunder, daß die Frau im Judentum eigentlich auch nie solch einen unterwürfigen Status hatte! Es gibt Prophetinnen und Stammesmütter, die hoch angesehen sind und waren. Die Frau war vor Tausenden von Jahren bei den Israeliten schon Unternehmerin und Managerin. Jeden Schabbatabend müssen die Juden das Lob der Frauen singen! Das dürfte kultur- und religionsgeschichtlich einzigartig sein. Liebe Israeliten, Ihr seid super!

Wer Gott wirklich gehorcht, ist super!

Der hat Herz UND Rückgrat. Beides!

Da gibt es keine Diskriminierung.

Aber auch kein Gutheißen der Sünde.

Oder ein ‚damit-davon-Kommen'.

Auch nicht bei Yeschua.

Bei William Paul Young, dem Autor von ‚Die Hütte', habe ich für diese biblische Situation eine schöne Erklärung in einem Video gefunden. Und der ist sogar ein Mann! Er sagte, Adam hätte von Gott persönlich gehört, dass *mut tmut*, er dann Tod ist, wenn er vom verbotenen Baum isst. Adam wusste also, er ist jetzt mausetot. Deswegen nannte er dann seine Frau ‚Mutter des Lebens'. Denn alles weitere Lebende musste von nun an von ihr kommen, SIE musste empfangen, austragen und AUF DIE WELT bringen. Offenbar war das vor dem Sündenfall anders.

Außerdem dachte Satan wohl, er hätte neue Freunde und Mitarbeiter gewonnen. Dachte, er hätte die Menschen nun auf seine Seite gezogen. Aber Gott macht ihm unverzüglich einen ewigen Strich durch die Rechnung. Das kommt davon, wenn man sich mit einem Besseren und Schlaueren anlegt. Mit dem Allerhöchsten! Der kommt nämlich auf Sachen, auf die man selbst nicht in seinem kleinen Hirn kommt. Zum Beispiel auf den Rauswurf! Ich wette, damit hätte Satan nicht gerechnet! Vermutlich dachte er, wenn er die Menschen in Eden verführt, ihm dann die die von Gott gemachten Menschen und deren Nachkommen gehören und auch der GARTEN EDEN in sein Eigentum übergeht. Dass er dann dort ebenfalls finster herumfuhrwerken kann. Haha. Gott ist halt doch noch einiges schlauer als der.

Gott macht nämlich SOFORT Folgendes, wie schon in Seiner Schöpfung: Er trennt! Er setzt Feindschaft.

Trennung und Spaltung kann weitaus göttlicher sein, als mit dem Schlechten, Weltlichen, gottlosen Leuten etc. einen Pseudofrieden oder gar Freundschaft aufrechtzuerhalten oder gar zusammen zu leben, weil man sich ja so ‚geistlich' und ‚liebevoll' vorkommen will. Solche Trennung empfiehlt später Jesus selbst. Und auch die Briefeschreiber. Ja, Du hast richtig gehört, auch der ‚liebe' Jesus empfiehlt Trennung von den Unbussfertigen!
Nicht umsonst sollten sich später die Heiligen und Auserwählten trennen von ihrem früheren Leben, früheren Freunden, Verwandten von der Welt. Viele gingen in die Wüste, lebten allein, haben abgeschlossene Gemeinschaften gebildet – damit sie nicht durcheinander gebracht werden konnten. Selbst Yeshua suchte die Trennung oft, die Stille, ging auf einen Berg, weg von seinen Jüngern, weit weg von den Massen.

Die Urgemeinde spaltete sich von der Gesellschaft in Jerusalem ab und bildete sogar eine eigene ‚Kommune'.

Genau wegen dieser schnellen Trennung durch Feindschaft zwischen der Frau und Satan und den Kindern der Frau und Satan, wird der Böse keinen völligen Zugriff auf die Menschen haben in Gottes Plan B bis Z. Dafür hat Satan eine Mordswut auf die Menschen. Vor allem auf die Frauen, die Leben geben. Und viele Herrscher, Männer, Kirchenführer und Kirchen und Theologen weltweit gehen im dabei gerne und willig zur Hand, seit Jahrtausenden! Und helfen Satan in seiner Wut.

Ihr wißt hoffentlich, was Euch dafür blüht!

Natürlich gibt es auch üble Frauen, dafür muß ich nicht erst Isebel bemühen. Es gibt schreckliche ‚Weiber', Egoistinnen, Materialistinnen, keifende, ungerechte, irre, böse Bitches mit Gift unter der Zunge. Ich kenne solche selbst.

Aber Frauen entwickeln sich zum Einen meist anders und werden weicher, wenn sie Kinder bekommen. Diese Art von Frauen brauchen tatsächlich eine starke Hand und eine Familie, einen starken und gerechten Mann, der ihnen das ‚Maul' verbietet. Kurioserweise sind diese Frauen oft mit schwachen Männern zusammen, die kein Rückrat und keinen Mut haben. Die sich in ihrer eigenen, selbst gewählten Schwachheit feige suhlen. Aber gerade solche Frauen brauchen das Gegenteil: Kontra!

Die meisten Frauen sind jedoch eher lieb und unterwürfig, hilfsbereit.

Und zweitens sind die Frauen dem Leben prinzipiell weitaus näher als die Männer. Allein schon dadurch, das wir jeden Monat ‚bluten'. Außerdem haben wir Frauen fünf verschiedene Hormonphasen im Monat, wenn wir gesund sind, damit wir fruchtbar sein können. Und Männer haben wie viele? Im Kern eine! Das heißt, das eigentliche Wunder ist, daß wir Frauen überhaupt noch einigermaßen normal sind! Oft bekehren sich Frauen auch weitaus schneller als Männer, auch wenn sie ‚weltlich' und gemein sind, sobald sie einmal kapiert haben, was Yeschua für uns getan hat, was er für unsere Rettung gelitten hat. Bestes Beispiel ist ja Joyce Meyer.

Nun zurück zum Text. Jetzt wird es nämlich richtig interessant. Denn jetzt kommt etwas Wichtiges. Jetzt macht Gott dem Menschen etwas. Das ist eine **KARDINALE** Stelle in Bezug auf Blut. Bitte nun ganz genau aufpassen. Hier habe ich sehr lange überlegt, nachgeschlagen in Lexika und dem Urtext und darüber gebetet, denn es ist unglaublich zentral. Daran habe ich sehr lange ‚gekaut'.

In den meisten Bibeln wird das, was Gott da macht, mit ‚Röcke von Fellen' übersetzt. Daraus wird nun von vielen Gläubigen abgeleitet, dass Gott hier Tiere tötet, um diese Felle herzustellen. Eine Vorstellung, die, wie ich finde, im Grunde Gottes-verachtend und abscheulich ist.
Gott würde, so meinen „Gläubige" und wohl auch manche Israeliten/Juden, dadurch sozusagen zeigen und ‚sagen':
Seht her, es muss jemand sterben, um eure Sünde zuzudecken. Ein armes unschuldiges Tier muss für euch Sünder sterben.
Ich empfinde diese Auslegung als kriminell. Kriminell deswegen, weil die falsche Übersetzung bedeutet, daß Gott selbst höchstpersönlich unschuldige Wesen ermordet und somit auch für Menschen Mord in Ordnung sein würde!

Es gibt jedoch ein Problem bei dieser Art von Auslegung, die leider sehr gängig ist und einfach undifferenziert verkündet wird von fast allen Kanzeln:

Das Problem dabei ist nämlich, DASS DAS GAR NICHT DORT STEHT!

Ich halte nicht nur diese Auslegung für grundfalsch und auch geistlich extrem irreführend, sondern die allgemein akzeptierte Übersetzung dieser Stelle halte ich sogar für geistlich gefährlich. Auch die ABS geben das nicht her.

Rekapitulieren wir nun kurz meine neuen Ansätze und Entdeckungen einmal, nur für einen logischen Zwischentest:

Die Schlange war nackt, mehr als alle anderen Tiere. Die Menschen erkennen nach dem Essen vom falschen Baum, dass sie nackt sind.
So wie Satan bzw. dessen ‚Inkarnation‘. Er ist sozusagen vom Ebenbild Gottes mutiert zum Ebenbild der Schlange/Satans. Er verinnerlicht Satan bzw. die Sünde so, wie er vorher nur eines verinnerlicht hatte: den Lebensodem Gottes.
Für mich ist das die Urbedeutung des Sündenfalls.
Das ist doch logisch, oder?

Gott kapiert das natürlich, das hatte Er vorausgesehen bzw. befürchtet oder für möglich gehalten, und jetzt macht Er etwas, was den Menschen wieder unterscheidet von Satan.
UND ER MACHT ES. Weil NUR ER es machen KANN!!!

Er macht im Hebräischen: *ktnut aur*

Es stehen nur diese beiden Substantive da, ohne Erklärung wie sie verbunden sind: kein ‚aus', ‚von', ‚durch' etc.

ktnut heißt ‚Leibrock'. Etwas also, das den ganzen Leib bedeckt. Das ist hier dasselbe Wort, das verwendet wird für den bunten Leibrock, den Jakob für seinen Lieblingssohn Joseph macht. Das sind keine ‚Röcke' oder ‚Röckchen' gewesen, schon gar keine Miniröcke oder Schurze! So ein

Schwachsinn, mit Verlaub! Bibelübersetzer, die so ein Zeug übersetzen, sollten einpacken.

Tasten wir uns nun langsam an die Semantik heran: Das, was Gott da machte, war etwas, das den ganzen Leib bedecken konnte bzw. sogar musste. Leibröcke, wenn man die Mode der damaligen Zeit betrachtet in orientalischen Ländern, bedecken den ganzen Körper - vom Hals bis zu den Knöcheln, meistens sogar mit langen Flügelarmen bis zu den Handgelenken. In vielen orientalischen Ländern ist das die ‚Mode' bis heute, oft sogar mit voller Gesichtsbedeckung wie beim Tschador oder der Burka. Sogar Männern sind in diesen Ländern äußerst bedeckt. Was in Breitengraden, in denen die Sonne extrem brennt und zudem oft Sandstürme auftauchen, durchaus Sinn machen kann.

In englischen Bibeln wird diese Stelle häufig mit ‚Mantel' übersetzt. Auch das passt weitaus besser als die deutschen Fellröckchen und erinnert an die spätere Stelle ‚wenn du zwei Mäntel hast, gib einen dem der keinen hat'. Außerdem bestehen Leibröcke so gut wie immer aus Stoff oder Wolle, Leinen oft.

Das zweite Wort ist nun ‚*aur*', Ayin-Vav-Resch.

Dieses Wort *kann* Fell heißen, wenn es für Tiere verwendet wird, das stimmt. Aber wenn es für Menschen verwendet wird, heißt es so gut wie immer Haut!

Es ist hier das gleiche Wort, das für die Gesichtshaut Moses benutzt wird, als er nach 40 Tagen vom Berg herunter kam und seine Gesichtshaut leuchtete von der Herrlichkeit Gottes. Oder würden diese Übersetzer hier auch übersetzen: ‚Und das Fell seines Gesichtes leuchtete?'

Das wäre genau so ein Schwachsinn! Tut mir leid, aber ich kann das nicht anders benennen, da die aus meiner Sicht grundfalsche Auslegung dieser Stelle zu so viel exegetischem

Murks geführt hat, der dazu noch ungläubige Menschen davon abhält, an Gott zu glauben. Der Höchste Gott soll SELBST als der erste Schlächter und Metzger aufgetreten sein?
Unfassbar.
Wie kann man so etwas nur glauben?

Nein, nein. Das hier ist etwas ganz Logisches, wenn man so übersetzt, auf der ganzen Linie, wie ich das hier wahrscheinlich zum allerersten Mal in der Geschichte der Exegese vorschlage:

Durch die Nacktheit wählte Satan die Schlange aus und schlüpfte in sie, weil sie so ähnlich war zum Menschen, das fand der Mensch deswegen nicht mehr so erschreckend - obwohl er sich dessen nicht bewusst war. Ein Spion wird ebenso danach ausgesucht, ob er zu dem Land passt, das er ausspionieren soll. Er muß sogar die Sprache hervorragend sprechen, so daß er nicht auffällt. So hat sich das Satan auch gedacht. Und die dummen Menschen lassen sich daher tatsächlich auf ein Gespräch mit ihm ein.
Zu guter Letzt glauben sie sogar seinen Verdrehungen und Lügen und machen, was sie nicht sollen.
Dann erkennen sie, dass sie so sind wie Satan in Form der Schlange: Nackt. Ungehorsam. Bloß. Unbedeckt.
Sie erschrecken über ihre ‚Nacktheit‘. Und Gott überdeckt den NACKTEN, satansgleichen Leib nun mit etwas. Hier haben wir nun verschiedene Möglichkeiten.

Für ‚Leibrock‘ dürfen wir sicherlich im gleichen semantischen Feld etwas stöbern gehen: Hier dürften wir auch übersetzen mit ‚Leibbedeckung‘, Leibumhüllung‘ etc.

Wir könnten folgendermaßen übersetzen, diese Möglichkeiten haben wir:

„Und Gott macht für Adam und seine Frau
1. Leibröcke/Leibbedeckung (aus?) Haut - Hautleibröcke
2. Leibröcke/Leibbedeckung (aus?) Fell - Fellleibröcke
3. und vielleicht am sinnvollsten: er bedeckte Ihren Leib mit Hautfell (Haaren!)
und er kleidet sie.“

Da ein Teil des Tierfells auch die Haare der Tiere sind, könnten wir eventuell sogar noch ‚Wolle' oder ‚Haare' oder ‚Tierhaare' in Betracht ziehen.
Zu beachten ist hierbei noch, dass „und Er kleidet sie" nicht zwingend zusammen hängen muss mit Fell oder Haut. Es steht nicht da: er kleidete sie *damit*! Das kann zweierlei sein.
Ich vermute bzw. ich gehe davon aus, es hängt zusammen und Gott kleidet sie ‚ewig'. Das war etwas, das für IMMER bleiben würde. Bei allen Menschen. So wie der Sündenfall, der alle Menschen mit in den Tod ziehen würde, alle zumindest, die von Adam abstammen. Und laut Bibel sind das alle.

Manche Ausleger meinen auch, mit Fell oder Haut sei die abgelegte Haut der Schlange gemeint, mit der sich die Menschen ja gemein gemacht hatten. Ich glaube das nicht. Es wäre zwar prinzipiell möglich, das würde aber bedeuten, dass Gott sich zusätzlich lustig macht, und die Menschen nun rauswirft aus dem Guten und ihm ironischerweise die tote Schlangenhaut zum Bedecken ihrer Nacktheit gibt. Das sieht dem Höchsten Gott nicht ähnlich. Gott ist nicht fies. Nie, nie, nie. Außerdem wäre das keine dauerhafte Veränderung.

Manche urchristliche Auslegung, wie zum Beispiel die von Skriver, der viele gute Ansätze hat, behauptet auch, dass Gott hier die Menschen tatsächlich erst mit Haut überzogen hat. In Eden hätten sie nur als Geistwesen, als Prinzip gelebt. Aber auch diese Exegese trägt nicht, obwohl sie Lichtjahre besser ist, als die Fellröckchenexegese.

Denn bereits in Eden bestanden die Menschen aus Fleisch und Blut, dazu gehörte auch die Haut. Das sehen wir daran, dass Adam sagt, die Frau sei ‚Fleisch von seinem Fleisch' und Gott die Stelle wieder mit ‚Fleisch' verschlossen hat.

Entweder wir gehen vom Urtext aus, dann müssen wir ihn ernst nehmen, wie er im Urtext steht. Oder wir gehen nicht von ihm aus. Dann kann man sich aber auch nicht irgendwelche Filetstücke herausreißen. Und sich den Rest selbst dazu dichten. Interpretation und Exegese ist jedoch etwas anders. Das ‚Sich Herausgreifen, was passt', macht Skriver leider und auch andere Theologen, die nur das sehen und sehen wollen, was in ihre eigene Theologie paßt. Ich verstehe sie, weil ich auch nicht an einen blutrünstigen Gott glauben mag und auch nicht mehr muß. Vieles ist leider schwer zu verstehen, vor allem da wir Tausende von Jahren vom Urtext entfernt sind, situativ, linguistisch, semantisch und historisch meine ich. Aber ich mache das bzw. versuche es Hand in Hand mit dem eigentlichen Urtext und mit meinem Vater im Himmel.

Aber tatsächlich glaube ich, daß Gott diese Theologen immer noch höher schätzt, als jene ‚Christen' und ‚Juden', die kein Problem damit haben, Ihm – dem Großen und Guten Geist -, Mord- und Blutlust und Schlachtereien als Willen zu unterstellen.

Doch nun zurück zum Text. Hätte Adam nicht bereits aus Haut und Fleisch bestanden, hätte hier etwas anderes geschrieben werden müssen. Oder sollen wir uns etwa vorstellen, dass die Menschen in Eden herumgelaufen sind wie die hautlosen Leichen, die Gunther von Hagen in ekelhafter Weise zur Schau stellt? Was wir heute alles machen bringt Gott zum Kotzen, da bin ich sicher, so wie Jesus in der Offenbarung für die endzeitliche Gemeinde sagt. Auch wenn die ‚Leichen', solange sie noch beseelt war, dem zustimmen mußten und es sogar wollten – hey, Ihr wißt nicht was Ihr da tut!

Was, wenn durch diese Exposition Eures Leichen-Körpers, dem ihr noch mit freiem Willen zugestimmt habt, Eure Seele sich nicht vom Körper lösen kann? Oder wenn Ihr Eure Leiche zu Experimenten, für Studenten freiwillig absichtlich zur Verfügung stellt? Oder Ähnliches! Keiner weiß wirklich, was in der unsichtbaren Welt passiert. Ich würde von solchem modernen Zeug die Finger lassen, in jedem Falle.

Nein. Sicher nicht. Ich bin überzeugt, dass es etwas Bleibendes ist, was Gott da schuf, kurz vor dem Rauswurf. Wäre es etwas menschlich Machbares gewesen, hätte Gott den Menschen selbst den Auftrag gegeben, es zu machen, wie die Israeliten später alles selbst machen mussten, sogar die Heilige Lade für die Stiftshütte.

Nein. GOTT selbst war es, der etwas machen *musste*, das dauerhaft ist und sein mußte. Und was die Menschen daher nicht machen *konnten*. Ein dauerhaft, genetisches unterscheidendes Merkmal zur Schlange. Unnacktheit.
Die Körperbehaarung!

Da *aur* zwei sehr unterschiedliche Bedeutungen haben kann, Haut und Fell, wäre es auch legitim und nicht unwissenschaftlich, das Kompositum zu bilden: Hautfell oder Fellhaut.

Wäre es etwas dingliches Gemachtes gewesen, dann hätte Gott wie gesagt, den Menschen befohlen, es selbst zu machen. So, wie er später Mosche befehlen würde, bestimmte Priesterkleider anfertigen zu lassen. Die hat Gott ja auch nicht höchstpersönlich gemacht. Übrigens wurden die israelitischen

Priestergewänder zuweilen auch als *ktnut* bezeichnet. Und diese bestanden nie aus Lederfellen. Sondern immer aus Stoff.

Durch das, was Gott nun machte, erfolgt somit auch die Bedeckung der ‚Scham' der Menschen im doppelten Sinne mit sehr vielen Haaren. Das musste Er selbst machen, denn dazu musste Er die Gene etwas verändern. Das konnte der Mensch einfach nicht selbst machen!

Das passt auch zu den späteren Stellen der Bibel, in denen Unzucht - also alle Sexualität die außerhalb der Ehe oder mit etwas anderem als dem menschlichen Gegengeschlecht oder in abartiger Weise vollzogen wurde - mit als schlimmste Sünde bezeichnet wird. Gleichzeitig erniedrigt Gott damit den Menschen etwas Richtung Tier bzw. Tierfell. Er nimmt ihnen deswegen auch die kleinen Feigenblätter weg, mit denen sie sicher nicht den ganzen Körper bedeckt hatten, sondern nur die Schamgegend, denn diese Blätter würden nur temporär bedecken.

Hier war hundertprozentig etwas mit langfristigen Folgen passiert, deswegen musste die Bedeckung auch langfristig und unverrückbar sein. Ich glaube tatsächlich, dass dem Menschen hier Körperbehaarung verpasst wurde. Eben nicht mehr nackt und dadurch äußerlich schnell zu unterscheiden von jedem Felltierchen. Der Mensch war kein so großer Sonderfall mehr. Kein totales Abbild von Gott mehr. Er stand nicht mehr engelhaft hell und deutlich unterscheidbar über den Tieren. Er hatte jetzt auch ‚Fell'. Da er ‚gefallen' war.
Darüber hinaus muss man sich darüber im Klaren sein, dass auch hier, bei Nacktheit, das semantische Feld weitaus größer ist und Nacktheit weit mehr bedeuten kann, als nur die ‚Kleidungslosigkeit'. Es kann auch Haarlosigkeit, Glatze etc. bedeuten. Er hat einen nackten Kopf. Ein nackter Hund. Das

heißt ja nicht, dass der Hund kein Hemdchen trägt, oder der Mann keinen Hut! Sondern es heißt, dass dort die Haare fehlen. Capito? ,Nackt' kann auch ,schmucklos' heißen in manchen Bezügen, es kann sogar manchmal ,schutzlos' bedeuten. Oder ,pur' wie in der ,nackten Wahrheit'.

Auch schützen Körperhaare vor der Sonne und wärmen in der Kälte den Körper. Da die beiden Erstmenschen aus dem warmen Eden rausgeworfen wurden, macht auch das Sinn. Durch die Haare löst Gott also gleich verschiedene Probleme. Denn draußen war die ,Witterung'.

Gleichermaßen interessant wie passend wäre auch, dass die Behaarung nicht nur schützt, sondern auch ,stinkend' macht. Auf den Haaren können sich Bakterien so richtig schön vermehren und stinken. Eine rasierte Achsel stinkt weit weniger als eine unrasierte. Das heißt wiederum, der Mensch würde gezwungen sein, sich zu waschen! Waschungen sollten auch im Judentum dann später eine große Rolle spielen.

Interessant ist auch, dass uns genau das von den Tieren unterscheidet. Bei Tieren ist die Scham nicht bedeckt sondern im Gegenteil sogar oft rot-nackt hervorgehoben. Die Tiere gehen voll ab auf die bloße Scham – das sieht man beispielsweise bei Hunden und Affen sehr offen. Auch verfügen Tiere nicht über spezielles Haupthaar. Sie haben einen gleichmäßigen Pelz, der manchmal auch über den Kopf wandert. Aber sie haben keine *extra* Haare auf dem Kopf. Das einzige Tier mit einer Art Frisur, das mir einfällt, ist der Löwe. Außerdem hat kein Tier, so weit ich weiß, Haupthaar wie die Menschen, MANN und FRAU, das ewig weiter wachsen kann. Nur wir können unsere Haare bis auf den Boden und weiter wachsen lassen. Und wer seine Haare verliert, schämt sich! Und fühlt sich schlecht. Und friert. Haare fungieren außerdem in gewissem Sinne als Fühler. Und im Winter wie im Sommer schützen die Haare vor der Witterung. Die Haare sind womöglich sogar ein kleiner Ersatz für den Schutz, der durch den Sündenfall verloren wurde.

Zudem muss ‚kleiden' nicht unbedingt mit kleiden übersetzt werden. Das semantische Feld auch dieses Wortes ist viel größer und breiter und ermöglicht auch eine andere Übersetzung wie zum Beispiel:
„Er umhüllte sie" oder „Er überzog sie" oder „Er bedeckte sie". Im Wörterbuch finden sich sogar noch ganz andere Bedeutungen. Das Wort, das hier steht, kann auch unter anderem heißen: anziehen, kommen über (!), erfüllen (!).
Na, glaubt Ihr jetzt nicht auch, daß ich mit meiner superneuen und superanderen Interpretation richtig liegen könnte?

Außerdem ist Gott prinzipiell sehr logisch. Adam und Eva hatte sich ja selbst Bedeckungen aus Blättern für ihre Nacktheit gemacht. Das heißt, Gott zeigt ihnen nun, indem Er diese Blättlein wegnimmt, dass diese bei Weitem nicht ausreichen, um zu bedecken und zu büßen, da es nur kurzfristig und vorübergehend ist. Deswegen macht Er nun etwas, das bleiben wird und in den Genen verankert sein würde für alle Nachkommen: die Bedeckung des Körpers und der Schamgegend durch bleibende Haare.
Das ist doch logisch, oder nicht?

Auch logisch ist in diesem Zusammenhang, dass der Mann deutlich mehr Haare abbekommt als die Frau, schließlich war er der Hauptschuldige in Gottes Augen. Männer haben meist üppiges Brusthaar, Bein- und Armbehaarung… Vielleicht hat Gott dort in Eden das Hormon Testosteron geschaffen. Interessant in dem Zusammenhang ist, dass viele Babies ganz ohne Haare – unschuldig nackt – auf die Welt kommen. Schamhaare und Körperbehaarung fangen im Prinzip erst mit einsetzender Pubertät an zu wachsen. Vielleicht sagt Gott deswegen später dann: ‚Der Mensch ist böse von Jugend an…' und nicht vom Mutterleib an.

Beachtlich ist auch, daß der Mann zusätzlich viele Haare bekommt, die die Frau nicht bekommt: Den Bart. Gerade in der damaligen Zeit wurde der Bart auch lang getragen, rasieren war schwierig. Rasiert, also wieder ‚nackt' zu sein, war wohl nur den Reichen und Königen vorbehalten. Und es war ein Zeichen für Reichtum und Reinheit.

Oder für Erniedrigung, wie bei Soldaten und Sklaven, wohl wegen der Hygiene.

Adam, der sich versteckte und vielleicht Ewa mit ins Versteck gezogen hatte, Adam, der Gott die Schuld für das eigene Vergehen in die Schuhe geschoben hatte, bekommt sehr viele Haare verpaßt von Gott, ausgerechnet rund um den Mund, sein halbes Gesicht ist nun ‚versteckt'!

Ich sage ja, Gott hat Humor: Du willst dich vor Mir verstecken? Na gut, dann gebe ich dir was, hinter dem du dich verstecken kannst! Hinter dem du buchstäblich versteckt bist!

Das würde auch exegetisch gut zu späteren Elementen passen. Aber dazu muss man die Bibel und das Judentum recht gut kennen, um diese Verbindungen überhaupt sehen zu können. Die meisten Christen und auch die Theologen jedoch kennen die Tanach viel zu schlecht. Mir ist diese Möglichkeit auch erst aufgefallen, als ich mich buchstäblich ins Alte Testament eingegraben habe. Denn hier, mit der Körperbehaarung, hätten damit wir eine Vorschattung des… na?

Des späteren Bußgewandes!

Das Bußgewand bestand aus sterrigen, kratzigen Wollen bzw. Tierhaaren und musste auf nackter Haut getragen werde, eben um Buße zu tun! Eine hauttechnische Qual sollte das sein. Später wurde das durch die Katholischen aufgenommen, gottlos ‚weiterentwickelt' und durch eiserne Dornen, Bußgürtel ersetzt. Entsetzlich.

Gott *tackert* also den beiden Menschen das Bußgewand, die Buße, die sie nicht freiwillig tun wollten, an den Leib in Form von Haaren! In die Gene. In der Schamgegend ist diese Behaarung kurioserweise besonders intensiv. Denn die Scham musste bedeckt sein. Auch später bei den Priestern.

Sehr erfreulich finde ich auch, daß Gott uns, das heißt Adam und Ewa, nicht ‚unbehandelt‘ hinaus in die kalte Welt entläßt. ER macht ‚etwas‘ an unserem ‚Leib‘ und an unserer ‚Haut‘. Dabei fiel mir ein, daß wir Frauen eine viel dünnere Haut haben als Männer. Die Männerhaut ist zirka zehn Mal dicker als die Frauenhaut. Zudem haben Männer sehr viel mehr Haare abbekommen.
Wäre es möglich, daß Gott in unseren Genen das etwas umgestellt hat? Mann und Frau anders ‚programmiert‘ hat, als sie vorher programmiert waren?
Vorher stammte die Frau ja aus der Seite des Mannes, das heißt wohl auch, daß alles bei den beiden identisch war. Das entsprechende Wort bedeutet nämlich nicht nur ‚Rippe‘, sondern vor allem ‚Seite‘ und ‚Flanke‘. Dem Mann fehlt anatomisch heute nicht eine einzige Rippe!
Das heißt, der eine Mensch wurde in zwei gleichwertige Menschen mit leicht unterschiedlichen Funktionen aufgeteilt!
Jetzt, vor dem Rauswurf, verändert Gott die Beiden. Das wohl genetisch. Vielleicht macht er die Männerhaut zum Schuften auf dem Acker und zum Kämpfen dicker und behaarter. Die Frauenhaut dünner und flexibler, da sie vor allem dann ‚drinnen‘ sein würde und sich um das Austragen, Gebären und Aufziehen von Kindern kümmern würde müssen.

Es ist trotzdem wunderbar zu sehen, daß Er die Beiden trotz ihrer Sünde nicht alleine läßt mit dem wohl ‚suboptimalen‘ physischen Equipment aus dem schönen, warmen Edengarten! Wahrscheinlich war unsere Haut dort dünn und glatt und engelhaft. Dann, nach ihrem Fall, macht Er die Menschen ‚fit‘ fürs Leben draußen. Das war nötig. Denn mit der Edenausstattung hätten die Menschen sicher draußen nicht überleben können. Das ist wieder Seine Liebe, die uns Menschen trotz allem nicht ‚verrecken‘ läßt, sondern uns hilft und uns ausstattet, um draußen leben zu können. Das ist doch logisch, oder nicht?

Ich vermute sogar noch mehr dahinter. Persönlich bin ich überzeugt, daß Gott selbst Sein Urteil hier abmilderte:
Sicher hatten wir in Eden nur eine hauchdünne, engelsgleiche Haut. So wie manche ganz durchsichtige, engelsgleiche Frauen das manchmal haben, heute noch. Wir brauchten keinen ‚Schutz‘, weil wir Menschen in Seiner Gegenwart, unter Seinem Schutz und in Seiner Versorgung gelebt haben. Das war in Eden vielleicht nur eine ganz dünne Membranhaut. Ich glaube tatsächlich, daß die Menschen draußen sofort gestorben wären, wie Gott es gesagt hat, wenn Er diese genetische Ausstattung nicht verändert hätte!
Mit der Nacktheit hat der Mensch also auch seine Schutzlosigkeit bewußt wahrgenommen. Denn er war aus der Gegenwart Gottes gefallen.
Das hat Er wahrscheinlich getan, damit die beiden und wir alle weiterleben können, und die Chance haben, über unsere Taten nachzudenken und Buße zu tun!
Ich könnte mir sogar vorstellen, daß Gott in diesem Zusammenhang die Zeit ‚gedehnt‘ hat, damit wir in Saat und Ernte, Ursache und Wirkung leben und LERNEN können.
Wenn wir schon wissen wollten, was Gut und Böse ist, dann sollten wir es auch kennenlernen können – in seiner Breite und Tiefe. Und eben nicht sofort und gar für ewig tot sein.
Schließlich hat Er uns ein tolles Ziel gegeben, wir sollten sein Ebenbild sein! Sein Gegenüber!

Sicher war auch die Zeit in Eden eine andere. Eden war total abgekoppelt vom Rest der Welt, wahrscheinlich in jeder Hinsicht. In Gottes Gegenwart läuft Zeit anders, da Er ewig ist. Ich weiß das, denn wenn ich in der Bibel arbeite oder bete, dann verfliegt die Zeit. Ich fange zum Beispiel um 9 Uhr an und wenn ich wieder aufschaue ist es plötzlich 14 Uhr! Und ich habe es nicht gemerkt. Die Zeit wird mit Ihm und bei Ihm anders – sie wird ‚ewiger'.

All das tut Er, damit wir umdenken und Buße tun können und dadurch zurück zu Ihm finden können. Er hat uns nach Eden absichtlich mit außerordentlichen Eingriffen in unsere Natur ‚fit für draußen' gemacht und hat womöglich die zwingende Strafe Tod ‚zeitversetzt'. Damit wir Trottel lernen können, daß es uns NUR bei Ihm gut geht!

Ist Gott nicht mega?

Und noch etwas vergessen die Tierschlachtungsexegeten, ist das wirklich noch niemandem aufgefallen?

Denn wir lesen *nirgends*, weder in Eden noch draußen, auch nicht in den ABS, dass es Adam und Eva leid getan hätte. Sie haben *keine* Buße getan, sie haben Gott nicht um Verzeihung gebeten. Sie haben nicht zu Gott gesagt:

„Bitte vergib uns, wir haben Mist gebaut! Lass es uns wieder gut machen!"

Nein, im Gegenteil, sie versuchten sich zu rechtfertigen und schoben die Schuld letztlich auf Gott, vor allem der Mann.

Es wäre daher völlig logisch, dass Gott sie daher buchstäblich ins Bußgewand hinein zwingt.

Ich habe mich oft gefragt, was passiert wäre, wenn Adam sofort nach dem Sündenfall zu Gott gerannt wäre und gesagt hätte: „Oh Gott, bitte vergib uns! Wir waren dumm und haben auf diese dumme Schlange gehört! Und jetzt sind wir nackt!

Wir haben erfahren, dass allein DU Recht hattest! Bitte vergibt uns und mach alles wieder gut und schütze uns zukünftig! Wir wollen Dir jetzt folgen!"

Da Gott später immer sagt, dass Er Buße will und keine Opfer, glaube ich, dass Er den beiden vergeben und Ihnen eine neue Chance gegeben hätte – ohne sie hinaus zu werfen.

Aber Adam und Eva taten keine Buße!
Menschenskinder! - kann ich da nur sagen.

Als mir die mögliche Verbindung zu Bußgewand einfiel, bekam ich noch ganz andere Assoziationen. Es gab einige Bräuche, die in der Bibel beschrieben und überaus unverständlich sind und die ich bis dahin immer einfach als ‚antik' abgetan hatte. Sie sind auch so entsetzlich schwer zu erklären. Alle Theologen können damit nichts anfangen. Ich habe nie eine Erklärung dafür gelesen, geschweige denn eine gute. Man hört immer nur so etwas wie: ‚das war eben damals so' oder ‚so waren die Gebräuche damals, man glaubte damals eben, daß…'.

Pustekuchen.

Wenn man die von Gott gemachte Behaarung als dingliche bedeckende Buße interpretiert, wie ich das hier, glaube ich, erstmals vornehme, dann bekommen andere Stellen plötzlich eine korrelierte Bedeutung:

Die Nasiräer, also die Gottgeweihten wie Samson, durften ihre Haare nicht schneiden. Darin läge deren ‚Kraft'!

WIRD ES jetzt nicht plötzlich klar?

Die Haare stehen für andauernde Buße vor Gott. Dass heißt, der Nasiräer lebt vor Gott und tut für alles Buße, auch für sein Volk, oft stellvertretend. Seine Kraft liegt also in der Buße, dass heißt in der Unterordnung unter Gott und Sein Recht. Und genau dadurch wird die Beziehung zu Gott wiederhergestellt.

Sogar Yeschua trug sein Haar lang. Johannes sowieso, der ja ein echter Geweihter war. Logisch! Johannes der Täufer, der ja den ‚Weg des Herrn' bereiten sollte, trug eben auch ein Bußgewand aus Kamelhaar – wohlgemerkt, nicht aus Kamelfellen! Deswegen konnte und durfte er predigen:

„Tut Buße."

Weil er selbst die personifizierte Buße war!

Die Israeliten wußten das damals sicher genau, aus ihrer Religionskultur heraus, sie haben das sofort verstanden, denn das konnte man Johannes bereits an seinen ‚Look' ansehen. Wie der große Prophet Elia. Und genau dadurch bereitete Johannes den ‚Weg des Herrn' vor!

Das kam mir früher immer völlig spanisch vor! Ich frage mich, wie er denn den Weg vorbereitet hatte. Und warum das nötig war. Jetzt frage ich mich das nicht mehr.

Der Messias sollte mit seiner Predigt auf ein bußfertiges Volk treffen, daß nach Rettung, Heilung und Gottesnähe lechzt! Ein Volk, daß den Gestank der Sünde durch die Taufe, das Vollbad, die Ganzwaschung bereits abgewaschen hatte. Bereits umgekehrt war. Und nun wissen wollte, wie es weiter gehen würde. Und genau das würde ihnen Yeschua, der Messias, dann sagen und zeigen.

Doch nun wieder zurück nach Eden.

Was danach geschieht, ist uns allen klar. Damit sie nun nicht auch noch vom Baum des Lebens essen und in diesem vermaledeiten Zustand ewig leben, werden sie aus dem Garten Eden geworfen und der Baum des Lebens wird von Gottes mächtigsten Dienern, den Cherubim, das sind flammende Engel, mit flammenden Schwertern geschützt.

So, halten wir fest:

Gott hat ihnen gesagt, was von nun an zu tun ist. Die Frau hat Mühsal und gebiert schmerzvoll Kinder – gibt aber damit Leben! Der Mann hat Mühsal und muss sich abrackern und ironischerweise das bearbeiten, von dem er genommen ist und zu dem er wieder werden muss, um dem Ackerboden Pflanzen abzuringen, von denen er und seine Familie leben kann. Die Frau muss Leben gebären und der Mann soll es mühevoll ernähren. Er bearbeitet so quasi seinen Tod.

Aber unsere Ausgangsfrage war ja, ob wir es mit einem blutigen Gott zu tun haben.

Haben wir bislang irgend etwas von Blut gelesen?

NEIN!

Wenn die Auslegung und Übersetzung mit ‚Fell' stimmen würde, würde das auch gleichzeitig bedeuten, dass Gott der erste Metzger der Welt war und persönlich ein unschuldiges Tier getötet hat.
Ich kann mir kaum etwas Widerwärtigeres von meinem Vater im Himmel denken! Gott ist Geist! Und da soll Er ein Messer genommen haben oder gar ‚von Hand' die Kehle eines seiner Geschöpfe durchgeschnitten haben? Oder es gar entzwei gerissen haben? Igitt. Das wäre Mord an Seinen unschuldigen Lebewesen.
Auch von Jesus, und der Herr ist mein Schlüssel zu allem, ist nicht überliefert, dass er Tiere geschlachtet hätte! Und wahrscheinlich auch nicht gegessen hat, denn der Höchste würde doch seine eigenen Geschöpfe nicht verspeisen.

Was diese Hobby- oder Berufsexegeten völlig vergessen, ist außerdem, dass Gott den Menschen ALLES WICHTIGE immer gesagt hat!

In den ersten Kapiteln der Bibel redet Er ziemlich viel!
Gott *ruft* ins Sein, Er *spricht* Gebote aus, *sagt*, worauf es ankommt. Er gibt Strafen nach dem Sündenfall, *begründet*. Legt Richtlinien für die Zukunft fest.

Und dann soll Er das Wichtigste für unser Heil nicht *sagen*?

Wenn GOTT Opfer will oder Blut braucht, um uns zu vergeben, DANN SAGT ER DAS AUCH!!!

Dann würden wir hier etwas lesen wie:

„Und Gott sprach zu Adam: Ich gebe dir ein Beispiel. Ich schlachte diese Tiere und bedecke deine Scham damit. Tue so ebenfalls! Nur das Blut und das Fell von Tieren kann deine Schuld zudecken."

Aha. Dann hätten es Adam und Eva gewusst.

ABER DAS LESEN WIR NIRGENDS!
Nicht einmal ansatzweise. Auch nicht in den ABS.

Der Vollständigkeit halber, das für alle Atheisten, besteht natürlich auch rein theoretisch die Möglichkeit, daß diese Anfangskapitel der Tanach/Bibel auch rein mystisch gemeint sind. Ein Mythos. Auch ich kann das nicht hundertprozentig ausschließen. Genau wissen werde auch ich es erst ‚drüben'. Aber da manche Juden sogar davon ausgehen, daß die Überreste von Adam und Ewa im Grab in Hebron liegen… na ja. Ich glaube, es ist beides: Real geschehen *und* metaphorisch bzw. mythisch gemeint. Modellhaft, damit wir davon lernen können. Gott macht es meist so, daß er ‚Siebene mit einem Streich' erledigt.

Mein Fazit nach den ersten wichtigen Kapiteln der Bibel, inklusive Sündenfall und Rausschmiss und arbeitsvollen, schmerzvollen Zukunftsprophezeihungen:

Gott will kein Blut. Er sagt nirgends etwas über Opfer.

Was Er sagt, ist, dass irgendwann in der Zukunft jemandem die Ferse zertrümmert werden wird und Satan wird der Kopf, das heißt, seine Macht zertreten werden. *Das* jedoch würde wohl nicht ohne Blutvergießen gehen.

Ein letzter Beweis:
Ich kenne meinen Vatergott schon lange. Und wichtige Dinge, heilsentscheidende Dinge sagt Er laut, deutlich und meist sogar mehrfach und lässt sie schriftlich festhalten. Bei diesen Dingen müssen wir nicht ‚raten' und ‚vermuten'. Genauso wenig wie Adam und Eva.

Dann würde es entweder ein klares Gebot oder Verbot geben. Basta.

Ich habe noch einen **allerletzten Beweis** durch Nachdenken über die ganze Schrift entdeckt, und könnte mich ohrfeigen, daß ich diesen nicht früher entdeckt habe, denn er ist sehr logisch. Dieser Beweis muß eigentlich allein schon dazu führen, dass sich die Fellröckchen-Theologie zu verabschieden hat, wenn sie nicht ausgelacht werden will. Dieser Beweis ist implizit und immanent:
Hätte es so einen Fellrock aus Tierfellen wirklich gegeben für Adam und Ewa, also zwei echte, von Gott selbst fabrizierte Pelz-Kürschnerarbeiten(!), zwei Pelzmäntel Gottes sozusagen, dann wären diese sehr langlebige ‚Ledermäntel' das größte Relikt und Heiligtum der gesamten Menschheitsgeschichte geworden!

Darum wären Kriege geführt worden. Diese Röcke hätten Abram und Sarai geragen. Jsaak und Rebecca. Diese wären verehrt worden wie die Gesetzestafeln, wir hätten sie in der Bundeslade als ewige Lagerstätte wiedergefunden. Sie wären vererbt und nie weggeworfen worden, sie wären als Heiligtum angebetet worden. Solche Mäntel wären noch wichtiger gewesen als das Turiner Grabtuch!

Dem ist nicht so und die gesamte Bibel erzählt *nirgends* von so einem Relikt bzw. Fellmantelheiligtum – allein das ist ein glasklares Indiz dafür, dass die Fellröckchentheorie schämenswerter Nonsens ist. Absoluter Schwachsinn. Deren weitere Vertreter müssten ausgelacht werden. Ab auf den theologischen Müllhaufen mit dieser ‚Theorie'! Ab nach Gehinnom.

Fassen wir nun also zusammen: Kein BLUT in den ersten drei Kapiteln.

Unsere Kernfrage ist aber, ob Gott ein blutiger oder gar blutrünstiger Gott ist. Vor dem Sündenfall sehen wir jedenfalls nirgends Blut. Kein Opfer, nichts. Kein Abschlachten von Tieren oder gar Menschen.

Und nach dem Sündenfall? Nun, sehen wir weiter. Die Bibel und die Menschheitsgeschichte fangen ja jetzt erst richtig an!

Out of Eden:

Adam und Eva, Kain und Abel

In Kapitel 4 geht es nun logischerweise weiter mit Adam und Eva. Aber eigentlich nur sehr kurz.

Jedoch ist interessant, dass wir im Folgenden nichts über den Vollzug weiterer Sünden dieses Pärchens lesen. Man hat den Eindruck, dass die Beiden vom Sündigen die Nase voll hatten!

Deswegen musste wohl auch nicht weiter über sie berichtet werden. Allerdings würden sie an ihren eigenen Schmerzen, ihrer Mühsal und den Sünden ihrer Kinder und Kindeskinder nun sehr lange sehen oder hatten es schon an sich selbst gesehen, wohin dieser eine große welterschütternde Ungehorsam führen würde, den sie selbst begangen hatten. Denn, vergessen wir nicht, Adam und Eva waren die einzigen Menschen, die beides kannten:

Eden UND die gefallene Welt.
SIE kannten den Unterschied!

Und ich wette, sie waren so nachhaltig geschockt, dass sie von nun an alles taten, was Gott ihnen sagte. Sie waren also sozusagen ‚unkritisch' geworden per Schock und man musste vielleicht deswegen nicht weiter über sie berichten. Zudem würden sie erleben müssen, was sie sich selbst angetan hatten. Was sie ihren Kindern angetan hatten. Sie würden sicher ihre Kinder warnen. Sie würden erleben, dass auch diese nicht auf die Warnungen der Eltern hören! Und sie ihr eigenes Leben zerstören würden.

Der folgende Text ist wieder ein eigener Mix aus bestehenden Übersetzungen und dem, was ich im Hebräischen erkenne:

„Und Adam erkennt Ewa, seine Frau, und sie empfängt und sie gebiert den Kain und sie sagt: ‚Ich habe erworben Mann von YHWH' Und sie fährt fort zu gebären, seinen Bruder Abel."

Erst beim Schreiben jetzt ist mir aufgefallen, dass diese Beschreibung keine zeitliche Verzögerung beinhalten muss. Es ist durchaus möglich, dass Abel direkt nach Kain kommt, das heißt, diese beiden Zwillingsbrüder waren. Es überraschte mich, diese Möglichkeit zu sehen. Ich dachte bislang immer, dass Kain zuerst geboren wurde, und dann vielleicht ein Jahr später Abel. Aber es würde durchaus Sinn machen, von Zwillingen auszugehen und würde ein anderes Zwillingspaar biblisch vorbereiten, das sich ebenfalls gehasst hat: Esau und Jakob. Oder das Zwillingspaar Perez und Serach.
Andererseits gibt es außerbiblische Quellen, die besagen, dass es keine Zwillinge waren, sondern einige Jahre dazwischen lagen. Lassen wir das also offen.
Aber halten wir fest: Bei Adam und Eva scheint es keine Dramen mehr gegeben zu haben. Eva dankte sogar Gott für ihren ersten Sohn Kain, nahm ihn dankbar aus Seiner Hand und war eventuell die erste wirklich Gläubige unter den Menschen. Und es schien ihr klar gewesen zu sein, dass Kinder ein Geschenk des Herrn sind, so wie es später noch ausformuliert in der Bibel heißen würde.
Dass Adam Gott noch einmal anspricht, ihm gar dankt, davon lesen wir nichts. Traute sich Adam nicht mehr? Womöglich hatte Gott genug von ihm? Auch ist erstaunlich, dass so betont wird, was mit Ewa alles passiert:

,*sie* empfängt, *sie* gebiert, *sie* sagt...'

Die Bibel ist hier extrem frauenzentriert! Tschüss, Adam.

Dann bereits im nächsten Satz kommt ein großer Zeitsprung von zirka mindestens 15 Jahren. Der Fokus ändert sich jetzt, weg von den Eltern, hin zu den Kindern. Wie gesagt, die Bibel ist fast nur im Präsens geschrieben, das Präteritum ist nur eine Konzession der meisten Übersetzer an unsere heutigen Roman- und Erzähltechniken. Aber ich will möglichst wenig ,konzessionieren'.

,Und Abel hütet eine Herde und Kain bearbeitet den Ackerboden.'
Der Hauch hütet Tiere und der Erworbene bearbeitet Erde.

Hier muss ich pausieren, denn auch das ist mir erst kürzlich aufgefallen, obwohl ich diese ersten Kapitel Hunderte von Malen gelesen hatte. Man liest sehr leicht darüber, weil einem alles so vertraut, alles so vordergründig klar erscheint.
Ich stutzte plötzlich.
Was stand da?

Ich schaute nochmals nach, was Gott zu Adam gesagt hatte. Adam und Eva hatten als gute Eltern ganz sicher ihre Kinder vom Sündenfall erzählt, hatten sie informiert, was Gott zu allen Beteiligten gesagt hatte und sie davor gewarnt, von Gott abzufallen, Gott nicht zu gehorchen. Insbesondere Adam und Ewa hatten ,Aufgaben' erhalten. Ewa hatte ihre Aufgabe des Gebärens bereits erfüllt. Die Aufgabe an den Mann Adam war, und damit auch an seine männlichen Nachkommen, den Ackerboden zu bearbeiten, der ihm Dorn und Distel tragen würde, um sich von seinen Pflanzen ernähren zu können, die er ihm jedoch hart abringen musste.

Diesen Auftrag führte aber nur Kain aus.

Abel machte etwas völlig anderes, das nie beauftragt worden war! Er machte einen auf Tierhaltung. Hallo?

Behalten wir das im Kopf, wenn wir weiter lesen, das ist wichtig.

Hier nun sehen wir zum ersten Mal das neue Konzept, das Abelsche Start-up. Wir würden es heute wahrscheinlich ‚Unternehmen' oder ‚Firma' nennen. Einer, also Abel, machte nun etwas, was Gott nicht befohlen hatte. Anstatt die Erde zu bearbeiten und ihr durch Saat und Ernte im Schweiße seines Angesichts, zusammen mit Vater und Bruder, hart sich abrackernd, vegane Speisen abzuringen, werden Tiere gehalten.

Man wird ‚Hirte'.

Nun Achtung.

Jetzt ist die große Frage, warum Abel das macht. War er zu faul, wie sein Vater und Kain, die Erde *mühevoll* zu bearbeiten, denn das war der Folge der Sünde gegen Gottes Prophezeihung, jeden Abend fix und fertig zu sein? Suchte er sich lieber einfach ein paar Tiere, saß daneben, spazierte herum und hielt sie als Herde?

Die ganz große Frage ist nun, was Abel mit den Tieren machte. Dazu lesen wir in der Bibel, bzw. der Tora nichts. Es gibt verschiedene Möglichkeiten:

Er hält die Tiere einfach wegen ihrer Milch und die ‚Familie' macht daraus Milchspeisen, Kuchen, Sahne, Quark und so weiter.

Recht sicher ist auch, dass die Tiere zudem geschoren werden und die Menschen sich mit deren Wolle ein gemütliches Zuhause, Teppiche, Decken, Diwane und warme Kleidung machten. Schließlich wurden sie von Gott ja bereits mit

‚Haaren' bedeckt, aber in den kalten Nächten oder gar im Winter außerhalb von Eden reichten diese nicht aus.

Dass Abel die Tiere gehalten hat, um nur mit ihnen zu spielen, als Freund des Menschen, ist kaum anzunehmen. Das könnte er auch, ohne Herden zu halten.

Hat also…

…Abel die Tiere auch geschlachtet, um deren Fleisch zu essen?

Deren Fell abzuziehen?

Hat er sie als Nahrungsalternative gehalten *entgegen* der vegetarischen Nahrungsbefehle Gottes?

In der Tora lesen wir dazu nichts. Aber in den ABS erhalten wir die Information, dass genau das offensichtlich der Fall war! Abel hatte sich also für etwas ziemlich Unerhörtes entschieden, wenn das stimmt. Er tötete Gottes Geschöpfe. Lebendige Wesen mit dem Odem des Höchsten.

Um sie zu essen!

Wie hat das wohl dem großen liebevollen Gott gefallen, der absichtlich bestimmt hatte, in Genesis Kapitel 2, dass der Mensch nur pflanzlich essen sollte? Und der Acker gibt auch nur Pflanzen her.

Ich glaube nicht, dass Abel aufgrund dessen bei Gott hoch im Kurs stand. Ich vermute sogar, der Höchste hat gehasst, was Abel tat. Es ging gegen sein Gebot. Er hat sicher gesehen, wohin das alles führen würde. Das ist vermutlich auch der Grund, weshalb Er ausschließlich mit Kain spricht. Kain zeigte durch seine Taten und durch seinen Beruf, dass er den Gottesbefehl ernst nahm. Abel zeigte das Gegenteil. Denn Gott redet auch später nur mit Seinen Kindern, mit denen, die an Ihn glauben bzw. glauben wollen und das tun wollen, was Er sagt. So ist das später immer in der Bibel. Yeschua würde sogar sinngemäß später zu seinem Vater sagen: „Ich weiß, dass Du mich allezeit hörst – DENN ich tue immer, was Dir gefällt".

Von den anderen, die Sein Wort nicht tun und nicht tun wollen, wendet Er sich immer ab und antwortet nicht. Er spricht höchstens noch mit ihnen durch Mittler wie Propheten.

Warum sollte es hier anders sein?

Dabei dürfen wir auch nicht außer Acht lassen, was später in der Schrift über Hirten gesagt wird. Da ist Jesaja mit den Liedern über gute und schlechte Hirten. Hirten haben als Beruf die Aufgabe, die Herde zu schützen, ja, das stimmt. Aber mit dem Ziel der Gewinnerzielung: Milch und Schur. Und Schlachtung!

In diesem Zusammenhang müssen wir weit vorgreifen, denn manches ist nur vom Ziel her verständlich.
Yeschua würde mehrere Tausend Jahre später sagen:
„Ich bin der GUTE Hirte."

Was unterscheidet nun den guten Hirten vom bösen Hirten, wie es Abel offensichtlich war?
Auch diese Frage beantwortet uns Yeschua:
„Der gute Hirte lässt sein Leben FÜR die Schafe."

Wir lesen oft über diese Aussage hinweg und denken uns ‚ja klar'. Vor allem so genannte „Christen", die kein Problem damit haben, einen blutgierigen, mordenden Gott zu vertreten. Mein Gott und Vater ist nicht so. Gott ist generell nicht blutrünstig.
Aber Yeschua stellt sich hier in absoluten Gegensatz zum normalen Hirtenberuf! Ist uns das eigentlich klar? Yeshua

entwertet Abel, den Vater des Tierkultes, völlig! Yeschua ist der Gegenentwurf.

Der normale Hirte, Abel, IST der böse Hirte, er beaufsichtigt die Schafe, um sie letztendlich gegen Geld oder ein Festmahl zu schlachten. Also für absolut egoistische und lebensfeindliche Zwecke!

Aber Yeschua als der gute Hirte erwartet nicht, dass die Schafe ihr Leben für ihn, den Hirten und Eigentümer geben. Hirten waren früher oft die Eigentümer, anders als heute, wo Hirten oft auch angestellt sind. Später, zu Yeschuas Zeiten, gehörte eine Herde auch schon einmal einem ganzen Dorf, so dass der Hirte im Prinzip das ‚Kapital‘ der ganzen Dorfgemeinschaft beaufsichtigen musste. Die lebendigen Wesen Gottes als Vermögen des Menschen. Bereits das ist ein Unding. Offensichtlich war der Hirte dann nur noch ‚angestellt‘, der Mietling, und war als Beruf nicht mehr besonders hoch angesehen.

Der böse, normale Hirte führt seine Schafe letztlich zum Schlachter und in den Tod.

Der gute Hirte Yeschua führt sie ins ewige Leben! Indem er sich als Hirte selbst schlachten lässt.

DAS ist der Unterschied!

Verstehen wir nun endlich? Yeschua ist sowohl der Hirte und der, der für seine Schafe stirbt. Nicht umgekehrt.

Und er ist das Lamm, das geschlachtet wird. Er ist somit auch Teil der Herde und lässt das als Menschen- und Gottessohn mit sich machen, was Millionen Schafe und auch Menschen mit sich ungefragt machen lassen mussten: Er lässt sich schlachten.

Und man muss *ihn* ‚essen‘ um ewiges Leben zu bekommen.

Beides war nötig, um die Blutrünstigkeit des Menschen und des Teufels zu entkräften.

Begreifen wir nun, warum es ein Hirte sein musste, ein wirklich guter Hirte, der das Leben seiner Schafe bis auf das Blut verteidigte, der König von Israel werden musste?

David!

Begreifen wir nun, dass in seiner Linie, in der David-Linie, Yeschua kommen musste als Hirte für alle Menschen? Als der Hirte, der nicht erwartet, dass seine Schafe sich schlachten lassen, sondern der sich vor seine Schafe stellt und sich selbst für seine Schafe schlachten lässt? Ist nun klar, weshalb Gott David von diesem unguten Beruf wegholt?

Verstehen wir, wie verdreht das ist?

Auch später musste außerhalb des Tempels geschlachtet werden. Im Tempel selbst gab es nur Veganes. Aber dazu kommen wir später noch bei Mosche.

Verstehen wir, wie sehr auch Gott die Tiere liebt, die ebenfalls den gleichen Lebensodem von ihm haben und ebenfalls als ,lebendige Wesen' bezeichnet werden? Die ebenfalls am sechsten Tag erschaffen wurden. Die Tiere, die wir modernen ,Christen' heute schlimmer behandeln als den Staub unter unseren Füssen?

Gott nimmt uns dieses Leid, das seine Tiergeschöpfe unseretwegen erleiden müssen, bestimmt entsetzlich übel. Sie haben den gleichen Atem, sie sind ebensolche lebendigen Seelen wie wir. So steht es für Ninive geschrieben:

„… und so viel Vieh."

Begreifen wir nun etwas besser, warum die einzigen Menschen, die von allerhöchster Stelle offenbart bekamen, dass der Heiland der Welt geboren wurde in dieser Heiligen Nacht, die Hirten auf dem Feld waren? Niemand sonst bekam diese Privatoffenbarung durch die Engel. Nur die Hirten auf dem Feld. Er holte sie weg, zu Jesus. Und die gingen daraufhin weg. Womöglich sogar aus ihrem Beruf. So wie Jesus später

Menschen aus Tiermordberufen wegholen würde in den Beruf des Menschenfischens, wie er das bei Petrus und Andreas tat. Vom Seelenverderben zum Seelenretten. Das ist Karriere!

Es ist diese eine Linie!

Die BLUTLINIE!

Schauen wir nun was weiter geschieht:

‚Und es geschah am Ende von Tagen/nach einiger Zeit, da brachte Kain von der Frucht des Ackerbodens eine Gabe für den Herrn. Und auch Abel brachte von den Erstlingen seiner Herde und von ihrem Fett. Und der Herr achtete auf Abel und seine Gabe, und auf Kain und seine Gabe achtete er nicht.'

Halten wir inne. Hier passiert wieder Wichtiges, was von den meisten Juden und Christen sehr einschlägig im Brustton der Überzeugung einfach so vertreten wird, ohne genaue Prüfung.

Genau an dieser Stelle wird uns gesagt, dass explizit das erste ‚Opfer' stattfindet, über das in der Bibel berichtet wird!

Deswegen müssen wir hier ganz genau hinschauen!

Denn von Adam und Eva lesen wir *nirgends*, dass sie Gott etwas geopfert hätten. Seltsam, nicht? Wenn Gott doch Opfer will, warum opferten sie dann nicht? Warum sollte uns das nicht überliefert worden sein – vor allem als ‚echter Gehorsamsschritt', im Gegensatz zum Sündenfall? Und warum sollte uns das nicht sogar mit großem Tamtam berichtet worden sein, weil sie nun ausnahmsweise das täten, was Gott wollte – Blutopfer?

Schließlich hatten sie ja all ihren Samen, alle abstammenden Menschen ins Unglück gestürzt, inklusive ihrer eigenen Kinder. Es wäre uns tausendprozentig überliefert worden, wenn sie Blutopfer als Befreiung und aus Gehorsam geopfert hätten!

Auch in den ABS lesen wir davon nichts.

Offensichtlich fing erst Kain mit dem Opfern an. Obwohl hier im Urtext nicht ‚Opfer' steht. Warum macht er das nur?

Er bringt Gott eine ‚Gabe', eine *mincha*, vom Acker dar, von seiner Arbeit und von dem, was seine Hände geschaffen hatten. Eigentlich sehr logisch. Davon will er seinem Gott etwas abgeben, sich vielleicht bedanken, dass er nicht allzu viel Mühe damit hatte? Dass doch noch Segen da war?

Ewa bedankte sich mit Worten, mit Dankgebet bei Gott für ihren gesunden Sohn. War das die ‚Weihung' des Erstgeborenen, wie Gott es später fordern würde?

Kain bedankte sich mit einer ‚Gabe'. So steht es im Urtext. *Mincha* heißt Gabe. Nicht unbedingt Opfer. Er möchte etwas zurück geben.

Und was macht Abel? Er bringt auch, offenbar *nach* Kain, eine Gabe dar von seiner Arbeit. Vielleicht wollte er nicht zurückstehen. Er sah Kain etwas von seinen Arbeitsprodukten geben bzw. ‚opfern' - da wollte er auch. Wer kennt das nicht, dass die jüngeren Geschwister das nachmachen, was der Ältere tut? Das haben wollen, was der Ältere hat?

Aber um diese seine Gabe von ‚seiner Arbeit' darzubringen, musste Abel ein Lebewesen töten!

Hier begegnet uns zum ersten Mal in der Bibel die aktive und bewusste Tötung eines Gottesgeschöpfes, genau genommen, ein Mord an Tieren. Das steht zwar nicht ausdrücklich da, aber

Abel bringt von seiner Herde und von ihrem Fett. Um an das Fett der Tiere heranzukommen, muss er sie vorher zwingend töten.

Ist den Bibellehrern, egal ob jüdischen oder christlichen, das eigentlich schon aufgefallen?

HIER FLIEßT ZUM ERSTEN MAL IN DER OFFIZIELLEN SCHRIFT, in der Tora, wirklich BLUT!

Man hat sich ja darauf geeinigt, in Abel den Lieben und Gerechten zu sehen, und hat Kain zum Bösewicht abgestempelt. Und schiebt später Yeschua in den Mund, vom ‚gerechten' Abel zu sprechen, was ein katholischer Einschub sein dürfte. Dieses Adjektiv halte ich für eine nachträgliche Einfügung qua Tradition, denn es musste ja dem steakliebenden Kaiser passen, um eine Weltreligion daraus zu formen. Genauso wie die Apostelin Junia kurzerhand in einen Junius umgewandelt wurde – das ist erwiesen. Frauen sollten klein gehalten werden.
Ich bin überzeugt, dass Yeschua das nicht so gesagt hat. Warum, darauf kommen wir noch, wahrscheinlich haben wir das Hieronymus zu verdanken oder Damasus.

Doch zurück. Wir müssen nun genau lesen. Des Weiteren wird häufig folgendermaßen übersetzt, was ich oben schon nicht mehr so formuliert haben:

„Gott schaute wohlwollend (oder gar gnädig) auf Abel und sein Opfer…"

Häufig wird das so interpretiert, dass Abel ja wusste, wegen der Fellröckchen beim Rausschmiss aus Eden, dass Tiere dran glauben müssen, als stellvertretendes Opfer, damit ein

Zudecken der Schuld möglich wird. Und dass er deswegen dem Herrn dann auch später blutige Tieropfer gebracht hat, aus Gehorsam, Seinem Opfer- und Schlachtmodell folgend, das Er selbst vorgemacht hatte?
Während der böse Kain ‚nur' von den Früchten des Feldes brachte!

Diese Hobbyausleger vergessen darüber jedoch völlig, dass auch später bei Moses Speis- und Trankopfer, Erntedank, Gaben von Früchten etc. völlig in Ordnung und sogar befohlen waren! Und hatte jemand nicht genügend Mittel dabei, oder war arm, durften Menschen statt Böcke und Lämmer auch Feinmehl opfern bzw. darbringen. Außerdem bestand das tägliche Opfer ebenfalls aus Feinmehl und Wein/Saft.

DAS KANN ES ALSO NICHT SEIN!

Und das steht auch nirgends!
Hier steht im Hebräischen ein sehr neutrales Wort:
„Der Herr *achtete bzw. schaute auf…*".

Manche Ausleger wollen hier auch ein *‚schaute überrascht'* entdecken.

Eines ist jedoch sicher im Urtext:
Hier steht nichts von ‚Wohlwollen' oder ‚gnädig'!

Des Weiteren wird offiziell so ausgelegt, dass Gott das Opfer von Abel lieber war.
Doch ist das so? Es ist pure Spekulation.
Denn auch das steht zumindest nicht da.

Halten wir fest: Gott hatte bisher *nirgendwo* befohlen, dass irgend jemand Ihm Opfer oder Gaben bringen sollte. Schon gar nicht hatte Er befohlen, dass dafür Seine beseelten Tiere ermordet werden sollen.

Und jetzt steht da: ‚Er achtet/schaut auf Abels Gabe'…

Das könnte durchaus auch ein ‚Achten des Entsetzens' sein! Wie: ‚Donnerwetter, was macht der denn da! Spinnt der? Schlachtet ein Tier für mich? Eines meiner geliebten Geschöpfe, die ich persönlich geschaffen habe? Die Meinen Atem in sich haben?'

Zumal Abel schon nicht dem Arbeitsbefehl Gottes Folge geleistet hatte, sondern offenbar eigenmächtig eine leichtere Arbeit gewählt hatte, bei der er den ganzen Tag neben den Tieren sitzen konnte, anstatt buchstäblich wie befohlen zu ‚ackern'. Während Kain gemäß Gottes Auftrag im Schweiße seines Angesichts, dem Boden pflanzliche Nahrung abrang, sich ab(r)ackerte.

Merken wir was?

Sollte es wirklich so sein, dass Gott positiv auf Abels Opfer schaute und auf Kains Opfer nicht positiv schaute, dann nur aus dem Grund, auch das lesen wir später bei Mosche, dass Abel von den Erstlingen seiner Herde brachte, und damit auf der Linie späterer Gesetze war. Kain jedoch brachte offensichtlich ‚irgendwas' vom Feld und nicht die Erstlinge, die ersten, eventuell die besten Garben, wie das am Ende des Passah später gefeiert werden musste.

Ich glaube das jedoch ehrlich gesagt nicht so ganz.

Lassen wir das zuerst einmal offen.

Auf jeden Fall kriegt Kain jetzt Hitze, das heißt, er kriegt eine ‚mords'-Wut auf seinen Bruder. Hören wir weiter in meinem translatorischen Spezialmix:

‚Und es entbrennt in Kain und sein Gesicht senkt sich. Und Gott sagt zu Kain: ‚Warum entbrennt es in dir? Und warum senkt sich dein Gesicht? Es ist doch so: Wenn du gut handelst, trägst du den Kopf hoch. Und wenn du nicht gut handelst, lauert am Eingang die Sünde und nach dir verlangt sie. Aber du sollst sie beherrschen.' Und Kain spricht mit Abel, seinem Bruder. Und es geschieht, als sie auf dem Feld sind. Kain kämpft mit seinem Bruder und er erschlägt ihn. Und Gott sagt zu Kain: ‚Wo ist Abel, dein Bruder?' Er spricht: ‚Das weiß ich nicht! Bin ich etwa der Hirte meines Bruders?' Und Gott sagt: ‚Was hast du getan? Die Stimme des Blutes deines Bruders schreit zu mir vom Ackerboden, und nun bist du verflucht von dem Ackerboden, der seinen Mund auftat, um das Blut deines Bruders von deiner Hand aufzunehmen. Wenn du bearbeitest die Ackererde, wird sie dir ihren Ertrag nicht mehr geben. Unstet und flüchtig wirst du sein auf der Erde.' Da sprach Kain zu Gott: ‚Meine Schuld ist zu groß, als dass ich sie tragen kann. Schau, du vertreibst mich heute vom Angesicht der Ackererde, und vor deinem Angesicht muss ich mich auch verbergen. Ich werde sein unstet und flüchtig auf der Erde. Und jeder der mich findet, darf mich töten.' Da sagt Gott zu ihm: ‚Nein, sondern wer Kain tötet, wird siebenfach gerächt.' Und Gott macht dem Kain ein Zeichen, damit niemand, der ihn findet, ihn erschlägt. Und Kain geht weg vom Angesicht des Herrn und er wohnt im Lande Nod, östlich von Eden.'

Dieser Text ist sehr interessant. Gehen wir in die Interpretation, schauen wir genau hin.
Das Erste, was mir schon immer auffiel, ist dass damals die Menschen wohl doch noch irgendwie in der Gegenwart Gottes

lebten, vor seinem ‚Angesicht'. Wohl sogar in einem Zipfel von Eden oder am Rande davon. Zweitens ist auffallend, wie viel Gott einmal wieder redet!

Und ausgerechnet mit Kain. Mit Abel redet er kein Wort. Er warnt ihn auch nicht! So wie er später viele Gläubige warnen würde durch Engel und Propheten, wie auch Josef und Maria. Deswegen glaube ich auch nicht, dass Ihm Abels Opfer gefallen hatte. Denn Gott warnt Seine Leute, die wirklich Gläubigen *immer*. JHWH warnte Adam und Eva, Er warnte Israel immer, Jesus warnte seine Nachfolger, Er bereitete sie auf die Interventionen Satans vor. Aber Abel hat Er nicht gewarnt.

Das zeigt etwas, das sagt etwas zu uns!
Oft in der späteren Bibel, fällt auf gefällige Opfer Feuer vom Himmel. Das ist hier nicht der Fall.
Ich bin überzeugt, dass Gott eher entsetzt über die Schlachtung war. Er hatte es doch nie geboten!

Und wieder warnt Er *vorab* den potenziellen Täter! Den Sünder in spe. Der wird gewarnt vor der bösen Tat.

Aber Er warnt nicht Abel, er solle sich in Acht nehmen vor Kain oder fliehen. Wäre das nicht sinnvoller gewesen, zumindest gleichzeitig die Warnung nach beiden Seiten auszusprechen?
Es war kurioserweise Kain, der Ihm am Herzen lag. Hatte Er Abel bereits abgeschrieben? Den Abel, der Seinen Arbeitsauftrag schon nicht erfüllt hatte, was Adam und Kain dann offenbar wenigstens getan hatten, und der zusätzlich auch noch BLUT von Gottesgeschöpfen vergossen hatte, etwas das Gott *nirgends* befohlen hatte?

Außerdem sagt Gott etwas, was uns aufmerken machen sollte:

„Es ist doch so: Wenn du gut handelst, trägst du den Kopf hoch. Und wenn du nicht gut handelst, lauert am Eingang die Sünde und nach dir verlangt sie. Aber du sollst sie beherrschen."

Das kann man auch ganz anders sehen und auslegen. Aus meiner Sicht sagt der Höchste damit zu Kain:
‚Hör mal, ich will überhaupt keine Opfer! Ich will, dass du mir vertraust und gehorchst und gut handelst. Dann kannst du vor mir bestehen und den Kopf hoch tragen. Aber wenn du nicht gut handelst, kannst du nicht vor mir bestehen und wirfst dich selbst der Sünde, Satan, zum Fraß vor. Du sollst die Sünde, den Satan aber beherrschen! Und sollst dich nicht von ihm beherrschen lassen!'

Viele sehen das als Warnung vor der Sünde, die er begehen wollte. Das muss aber nicht sein. Es ist mindestens beides gemeint.
Die Frage ist nun, warum es in Kain entbrennt und er den Kopf senkt. Meist wird das als Neid oder Eifersucht gegenüber Abel ausgelegt weil Gott dessen Opfer ‚angeschaut' hatte.
Es kann aber auch sein, dass Kain wütend war darüber, dass Abel ein unschuldiges Tierlein geschlachtet hatte, vielleicht sogar ein kleines süßes Lämmlein, mit dem er einmal gespielt hatte. Wie Mosche später wütend werden würde, weil ein Ägypter einfach einen Hebräer schlägt – und auch der große Prophet und Retter Mosche wird zum Totschläger! Das ist doch eine erstaunliche Parallele. Oder nicht? Seht Ihr das anders? Dafür musste Mosche auch fliehen, eigentlich wie Kain, raus aus Ägypten, ab in die Wüste. Für lange, lange Zeit. Dann würden die Worte Gottes einen zwei- oder dreifachen Sinn haben, was sehr typisch für Ihn wäre. Er sagt damit zum Einen:

‚Hör mal, Opfer will ich nicht, weder pflanzliche noch blutige!'

Das ist doch ein Spruch, den wir Mütter ähnlich immer am Muttertag absondern. Wir wollen nicht an einem Tag teure Blumen- und Restaurant'opfer', wofür womöglich noch unsere schönen Rosen-Wesen aus dem Garten rausgerupft wurden, oder? Wir wollen einfach *jeden* Tag, daß unsere Kinder folgen und freundlich zu uns sind! Und einmal was freiwillig machen, ohne zehn Mal ermahnt zu werden. Oder bin ich da die Einzige?

Auch diese Aussage paßt, das sagt später Micha explizit und andere Propheten auch: „Es ist dir gesagt Mensch, was gut ist und Gott von dir fordert!..."

Wo ist ihm das gesagt!? HIER! Schon bei Kain! Der Mensch soll gut handeln und sich an Gottes Gebote halten!

Und zum Anderen sagt Er Kain hier damit auch:
‚Lass du dich jetzt nicht auch noch hinreißen, etwas Falsches zu tun! Sei nicht wütend! Lass diese Sünde Abels stehen und füge nicht noch eine eigene und schlimmere dazu.'

Dann wären Gottes Worte sowohl eine ex post als auch eine ex ante Bewertung!

Was macht Kain nun nach der Bewertung und Warnung Gottes?

‚Und Kain spricht mit Abel seinem Bruder.'

Das ist doch was! Kain hat es zuerst mit Reden versucht! Er wollte Gott zufrieden stellen. Vielleicht wollte Er, dass Abel sich für das Blutvergießen entschuldigt, vielleicht dass er es lässt und nicht noch einmal macht.

Doch offenbar hat Abel nicht eingelenkt. Hat er sein ‚Opfer' sogar verteidigt? Hat er Kain angegriffen und ihm vorgeworfen, neidisch zu sein? Wir wissen es nicht. Wir können vermuten, dass Abel nicht eingelenkt hat. Das hat Kain wohl noch mehr verärgert. Wir kennen aber den nächsten Satz in der Bibel, in meinem Mix:

‚Sie waren auf dem Feld und Kain kämpft mit seinem Bruder Abel und er schlägt ihn tot.'

Kain lässt sich also zum Totschlag seines Bruders hinreißen im Kampf mit ihm. Es war, so wie es aussieht, kein vorsätzlicher Mord. Er wollte ihm sicher schaden, ihm eventuell so wehtun, wie er den unschuldigen Tieren, die er ‚geopfert' hatte, wehgetan hatte. Wir wissen nicht, was sie gesprochen haben. Vielleicht hatte Kain ihn gestellt, und ihn angeschrieen, was ihm eigentlich einfalle, einfach ein Tier zu schlachten, zu ermorden? Abel ist vielleicht auch wütend geworden, hat zu Kain wiederum gesagt, dass sein Opfer sowieso kein richtiges war, und so weiter. Vielleicht schrie dann Kain den Abel an: ‚Jetzt zeig ich dir, welche Schmerzen du Idiot den armen Tieren angetan hast!'
Sie rauften, kämpften und Kain hat ihn erschlagen.

Das hier ist, rechnen wir weiter, der vierte ultimative Sündenfall. Interpretieren wir das jetzt einmal so. Wenn es nicht trägt, müssen wir es später vielleicht wieder über Bord werfen.

Der erste Sündenfall war:
Der Fraß vom verbotenen leckeren Baum der Erkenntnis des Guten und Bösen. Das Sich-anstecken-lassen Adams von Eva.

Das Verstecken vor Gott. Mut tmut. Tod.

Der zweite war:
Der nicht erlaubte Beruf Abels als Herdenhalter. Und Todesschlächter?

Der dritte war:
Der nicht befohlene Tiermord (für Gott?)

Der vierte Sündenfall:
Die aktive Menschentötung, der Totschlag durch Kain.

Sehen wir die Todeskette, die Sünden-Kette?

Interessant ist nun die Reaktion Gottes. Lässt Er jetzt Feuer vom Himmel fallen und vernichtet Kain? Erschlägt Er ihn nun auch?
Nein.
Trotzdem müssen wir auch sehen, dass es relativ gesichert ist, dass Kain keinen vorsätzlichen Mord begangen hat, sondern Totschlag im Affekt. Die ABS geben hierzu noch weitaus genauere Beschreibungen. Sonst hätte Gott sicher anders reagiert, wenn es ein vorsätzlicher, womöglich hinterhältiger Mord gewesen wäre. Später im Gesetz werden vorsätzlichen Mördern die Strafen nicht erlassen, Leben um Leben, vorsätzliche Mörder werden meist ebenfalls getötet. Bei ungewolltem Totschlag in einem Kampf womöglich, gelten jedoch andere Regeln, hierfür wurden sogar Asylstädte eingerichtet.
Gott ist und bleibt derselbe. So können wir aus der Situation mit Kain schlussfolgern, dass Kain zwar wütend war, Gott die möglichen Konsequenzen seiner Wut sah und ihn warnte, aber Kain nicht mit Vorsatz mordete. Es tat ihm hinterher

entsetzlich leid, auch das ist in den ABS viel stärker beschrieben.

Gleich nach dem Totschlag wird Kain wieder von Gott angesprochen. Gott geht wieder auf ihn, den Sünder, zu.
‚Wo ist Abel, dein Bruder?'

Auch hier kontaktiert Gott wieder den, der den Fehltritt vollbracht hat. Die Ansprache geht auch hier wieder von Ihm aus, wie schon bei Adam, den Er gefragt hatte ‚Wo bist du?'.

Das fragt Gott Kain aber nicht. Diesmal fragt Er ‚Wo ist dein Bruder?'

Das war ebenfalls für mich eine unglaublich tolle Erkenntnis über den ‚alttestamentarischen' Gott:
ER ist es, der auf die Menschen zugeht. Egal wie viel Mist sie bauen. Er kommt und fragt!
‚Hey! Wo bist du!? Was ist los mit dir? Warum passt du nicht auf dich auf? Auf deine Schwester? Deinen Bruder? Auf dich?...'
Und darin enthalten ist der Vorwurf ‚Warum versteckst du dich vor Mir'?

Und die liebende Frage, die eigentlich dahinter steht ist:
„Warum kommst du nicht zu mir? Warum fragst du nicht mich? Vorher! Warum vertraust du MIR nicht?"

Er will immer noch etwas von uns wissen! Er geht hinterher! Er fragt! Er will immer noch etwas von uns wissen, von uns dummen Trotteln, die wirklich in *jede* Falle Satans tappen. Hammer.

Das ist *mein* Ewiger Vater! So ist *mein* Gott!

Und ich will Ihm vertrauen! Egal wie viel Murks ich bereits gebaut habe, meist auch im Affekt oder aus Unwissenheit!

Kain ist jedoch nicht dankbar. So wie es im folgenden Text aussieht, wird er trotzig. Auch das kennen wir. Haben wir Mist gebaut, sind wir trotzig wie dumme Kinder, versuchen es zu argumentieren, anstatt Reue zu zeigen, wieder gut zu machen. Wir werden sogar heftig und greifen womöglich die an, die uns darauf aufmerksam machen.

„Kain sagt: Das weiß ich nicht! Bin ich der Hüter (der Hirte) meines Bruders?"

Wie Adam reagiert auch Kain. Und verhöhnt dabei noch kurz im Vorbeigehen Abels Beruf – das wohl zu Recht. Wie der Vater Adam, so der Sohn Kain: Uneinsichtig.

Erstaunlich ist, dass Kain tatsächlich zu glauben scheint, Gott davon kommen zu können. Dem, der alles weiß, ein Schnippchen schlagen zu können. Wirklich erstaunlich. Das misslingt natürlich:

„Und Er spricht: Was hast du getan? Die Stimme des Blutes deines Bruders schreit zu mir vom Ackerboden."

Superinteressant. Gott, der wirklich alles weiß und gesehen hat, fragt den Kain, was er getan hat. Warum? Was soll das? Er weiß es doch.
Was heißt das also?
Das heißt: Gott will, dass Kain seine Sünde bekennt! Er will ihn überführen. Er WILL ein Geständnis.
Das heißt, Er will, dass Kain es *ausspricht*! Dass er sich selbst bezichtigt.
Er will Buße!

Das Wort, das Aussprechen kann Reue und innere Reinigung bewirken, das habe ich selbst bereits erfahren! Das Wort nimmt dem Bösen die Macht. Das Verstecken macht die Kraft der Sünde immer größer. Bis sie unbeherrschbar wird. In kleinen Dingen, kleinen Lügen und Betrügereien, bis hin zur großen Sünden wie Ehebruch, Homosexualität, Pädophilie, Sexsucht, Mord etc…

Wenn man sich ehrlich macht, die Dinge beim Namen nennt, fallen uns oft Schuppen von den Augen. Das ehrliche Wort der Selbstbezichtigung *bricht* die Sünde. Gott will, dass wir unsere Sünden aussprechen und eingestehen. Er will, dass wir um Vergebung bitten. Dass wir Ihm Reue zeigen und sagen, dass es eine Sünde war, dass Er, Gott, Recht hat. Und wir nicht. So wie es später im NT auch in den Briefen heißen würde:

„Wenn wir uns selbst richten würden, müssten wir nicht gerichtet werden."

Und Er will, dass, wenn möglich, wir es auch wieder gut machen, ersetzen, was wir angerichtet haben.

Aber wie sollte Kain Abels Blut und Leben ersetzen?

Und hier haben wir es auch wieder: das BLUT!

„Die Stimme des Blutes deines Bruders schreit zu mir…"

Sehr interessant. Gott behauptet also, Blut hätte eine Stimme. Das steht auch im Urtext so. Wow.

Abel selbst kann nichts mehr sagen, er ist tot. Aber sein BLUT spricht! Es klagt an. Für ihn. Vor Gott. Gegen den Totschläger.

Tun wir das nicht gleich ab. Es gibt mehr, als das entsetzlich Wenige, das unsere Wissenschaftler messen können. Mehr als das, worüber sie sich bewusst sind.

BLUT hat eine STIMME.

BLUT schreit.

Auch wenn wir es nicht hören können. Gott kann es hören.
Vielleicht kann es sogar die ganze unsichtbare Welt hören.
Inklusive dem Bösen?
Halten wir das fest.

Irgendwo in den ABS habe ich gelesen, daß die Seelen der Gemordeten unablässig vor Gott stehen und anklagen.

Das wirft auch ein ganz anderes, neues Licht auf Mord, Kriegsverbrechen, Totschlag und auch auf das was wir in Hospizen und bei Organspenden mit unseren sterbenden Mitmenschen machen, die heute wegen ihrer Organe regelrecht ausgeweidet werden – während sie noch leben! Wir haben heutzutage viele solcher gottloser Gepflogenheiten, denen leider mittlerweile sogar die ,Geistlichen' zustimmen. Und viele Pseudo- und Namenschristen versteigen sich tatsächlich in Kirchen und Freikirchen und in den Medien dazu, dies zu bewerben im Namen der ,christlichen Nächstenliebe'. Sie tragen dazu bei, diese Milliardenindustrie auch noch zu bedienen mit den eigenen Organen oder denen unserer Kinder.
Meine Meinung ist: Finger weg davon!
Ja, auch wenn es um Kinder oder Mütter geht.
Denn es ist Mord. Mindestens vorsätzlicher Totschlag. Und damit Sünde.

Jeder Mensch sollte viel eher in jedem Augenblick bereit sein zu gehen. Viel wichtiger ist es daher, seinen Frieden mit dem Schöpfer zu machen, und nicht Organe anderer Menschen, sondern Yeschua als Retter anzunehmen. Dann erhält man sein Leben in Ewigkeit.

Noch ein Gedanke, der mich neulich ereilt hat zum heutigen Organkult, da ich mich im Gesundheitsbereich sehr gut auskenne. Dieser Gedanke hat mich selbst erschreckt, ich vermute, der war direkt von Gott:
Viele Menschen, die ein Organ von jemand anderem eingesetzt bekommen haben, spüren ‚etwas anderes' in sich! Haben plötzlich andere Gefühle, andere Gedanken (und nicht nur positive), andere Neigungen sogar. Kein Wunder. Sie haben eine ‚andere Seele' in sich aufgenommen durch das Blut, das Organ.
Jetzt spule ich einmal weiter vor, bis zum Endgericht. Ich habe mich Folgendes gefragt: Angenommen, die ‚andere, getötete Seele' war ein Mörder, oder Verbrecher, oder hat sonstige schwere Sünden begangen – dann wird sie im Endgericht von Gott verurteilt und in die heiße Ewigkeit geschickt. Was glaubst Du, was dann mit Dir passiert, obwohl Du vielleicht nicht schlecht warst, oder sogar ‚gläubig' warst? Aber trotzdem diese andere Seele in Dir hast? Vermutlich wirst Du mit hinuntergezogen! Viel Spaß dabei, kann ich nur sagen. Und es geschähe Dir recht, wenn Du Sterbende ausweidest bzw. ausweiden läßt um Dein mickriges Erdenleben zu retten. Purer Egoismus. Auch wenn Du Kinder hast und eine Familie, die Dich vielleicht ‚brauchen'. Man kann (Satan kann) alles argumentieren, vergessen wir das nicht. Aber was weißt Du, vielleicht findet ja Dein Mann oder Deine Frau einen viel besseren Partner, der für Deine Kinder sogar besser ist als Du? Oder es ist besser für Deine Kinder, nur einen allein erziehendes Elternteil zu haben? Und nicht Dich (als

Sexsüchtigen, Hurenfreier, Pornosüchtigen, Pädophilen, Promiskuitiven, Betrüger etc.). Vielleicht ist es besser, wenn Dein Kind jung stirbt und damit angenommen ist – als später als Drogendealer, Mörder oder so zu verenden?

Oder postulieren wir das einmal anders herum. Angenommen, Du bist ein gläubiger Mensch und glaubst von Herzen an Jesus, und du hast Dich von irgendwelchen Typen überreden lassen im Namen der Pseudoliebe, Deine Organe im Falle Deines Ablebens freizugeben und hast erlaubt, Dich als sterbenden Menschen ausweiden zu lassen. Ganz davon abgesehen, daß Deine Seele dann vielleicht gar nicht sterben oder ruhen kann, weil sie noch irgendwo teilweise ‚weiterlebt‘.

Aber jetzt kommen Deine Organe mit Deinem Blut, also Deiner Seele, in ‚Frevler‘ hinein, schön verteilt. Nehmen wir einmal weiter an, Deine Orange werden verteilt auf Mörder, Abtreiber, Homosexuelle, Betrüger, Menschenhändler, Mafiosos, die sich alle nicht bekehren und heiße Strafen bekommen werden mit ewigem Tod…

Na, rate mal, wo Du dann bist? Was passiert mit Deiner ‚Seele‘, die nun sozusagen aufgespalten wurde.

Ich weiß es nicht, wie das dann sein wird! Keiner weiß es! Ihr wißt nicht, was Ihr tut, wenn Ihr solches Zeug macht! Ihr wißt nicht, was in der unsichtbaren Welt passiert dadurch! Ihr übertretet Gottes Gesetze, das, was er jedem zugeteilt hat, führt Ihr ad absurdum. Spinnt das alles selbst weiter.

Aber eines ist hundertprozentig sicher: Der Höchste hat es nicht so geplant! Wenn er gewollt hätte, daß wir unsere Organe auswechseln können wie Ersatzteile, hätte er uns so gebaut und wir hätten das von Anfang an können. Dem nicht so ist, das zeigt allein bereits, daß wir davon lieber die Finger lassen sollten. Das entspricht nicht Seiner Schöpfung - das ist meine klare Meinung dazu. Aber macht was Ihr wollt. Ihr werdet aber eben auch die Folgen Eurer Taten ernten. Und auch dafür, daß

Ihr dadurch viel Kriminalität, Mord und Totschlag und Betrügereien direkt und indirekt unterstützt, und Ihr dazu beitragt, diese grässlichen Praktiken noch weiter salonfähig zu machen.

Wenn Du so etwas bereits gemacht hast, was dann?
Mein Rat wäre, dann geh auf die Knie und bitte extrem um Vergebung, bitte Gott, das zu reparieren, was Du aus Blödheit angestellt hast. Vielleicht sogar zu neutralisieren. Vielleicht läßt Er Dich dann sogar sterben, ich weiß es nicht. Und bete ununterbrochen für die Seele des Menschen, den Du hast töten und/oder leiden lassen, um an seine Organe heranzukommen! Weine und traure und frage Gott, was Du als Wiedergutmachung tun sollst! Zu unserem Glück hat der Messias einmal gesagt, daß unserem Höchsten Gott Dinge möglich sind, die uns Menschen völlig unmöglich sind. Vor allem wenn wir aus Dummheit oder Gutmütigkeit da hinein gestolpert sind.

Mittlerweile habe ich sogar eine andere Einstellung zu Blutkonserven. Früher habe ich als Medizingläubige die Zeugen Jehovas immer belächelt und gar für dumm gehalten, weil diese Sekte das Blutspenden und das Annehmen von fremdem Blut verbietet. Aber ich bin mir nicht mehr so sicher, ob sie wirklich falsch liegen. In unserem Blut ist unser Leben, unsere Seele. Diese Konserven werden nicht nur für hohes Geld verkauft – nähren also wieder eine Milliardenindustrie – während die Spender fast nichts bekommen und diese Industrie verhält sich damit wieder einmal als Ausbeuter. Ich gehe daher auch selbst nicht mehr zum Blut ,spenden'.
Es wurde zudem auch mit den Blutkonserven lange sehr verschwenderisch umgegangen. Man hatte es ja.
Deswegen haben sich manche Krankenhäuser *dank, ja dank,* sinkender Spendenbereitschaft auf blutsparende Operationen

und Maßnahmen spezialisiert, so daß sie kaum noch Blutkonserven brauchen bzw. sehr viel weniger. Dazu zählen auch die Eigenblutspenden des Patienten vor seiner Operation. Das sollten, finde ich, alle Krankenhäuser so machen!

Blut schreit.

Vergessen wir das nicht.

Zurück zu unserer ‚Geschichte'. Kain bereut nun also. Er sagt, er stöhnt, dass seine Schuld zu groß ist, dass er sie nicht tragen kann. Wohl gemerkt, er sagt, daß seine *Schuld* zu groß ist! Früher dachte ich immer, er hätte gesagt, seine Strafe wäre zu groß. Und warum habe ich das gedacht? Weil auch das wieder einmal falsch übersetzt ist! Mensch, schämt Euch, Ihr schlechten Übersetzer! Im Urtext steht, *auni/awoni, was ‚Schuld' oder ‚Unrecht' heißt*. Und nicht ‚Strafe'!
Es macht einen gewaltigen Unterscheid aus, ob man an dieser Stelle mit ‚Schuld' oder ‚Strafe' übersetzt! Übersetzt man mit ‚Strafe', dann bedeutet das, daß sich Kain hier über seine Strafe für das üble Unrecht, das er begangen hat, obendrein auch noch beklagt. Das macht ihn dann doppelt schuldig und unsympathisch! Aber so wollte man es ja in den ‚Kirchen'. Kain *musste* böse sein.
Übersetzt man hier mit ‚Schuld' oder ‚Unrecht', dann heißt es, daß Kain bereut! Dass er unter seiner Tat leidet, dass es ihm unsäglich leid tut, er sich quält. Und daß er die Folgen seiner eigenen Schuld nicht tragen kann, er bricht unter ihr zusammen. Egal, ob er bestraft wird oder nicht.
Über solche translatorischen Schlampereien - oder sogar mit Absicht falsch vorgenommener Translationen (da man ja kirchlich Kain zum Bösen umstilisieren wollte, um weiterhin einen harten, blutopferrünstigen Gott vertreten zu können!?) kann ich mich wirklich aufregen! Grrr!

Aber nein. Nicht seine Strafe. Seine Schuld wäre zu groß, sagt er.

Das ist echte Reue! Er leidet unter seiner Schuld. Vielleicht vermisst er seinen Bruder sogar. Denn außer ihm hatte er nur noch Schwestern, wie wir in den ABS lesen.

Kain weiß außerdem, warum auch immer, dass er nun offenbar vogelfrei ist. Dass es heißen würde Leben um Leben. So will es das ewige Gesetz. Und dieses Gesetz gilt auch heute noch. Es hieß für Kain, dass er immer auf der Flucht sein würde. Vor den ‚Gottessöhnen'? Womöglich sogar vor seinen Eltern?

Und was tut Gott nun?

Er zieht die Strafe nicht zurück. Aber Er erleichtert sie. Er sichert Kain zu, dass er nicht umgebracht werden darf – eben weil es wohl Totschlag im Affekt war. Damit alle sehen können, dass Kain unter Gottes persönlichem Schutz steht, macht Er ihm ein für alle sichtbares Zeichen. Und Er verspricht ihm, dass der, der Kain trotzdem tötet, sieben Mal mehr Rache empfangen wird.

Allerdings fragt man sich, ob das wirklich eine Erleichterung ist. Wenn man seine eigene Schuld eingesehen hat, ist es oft schwer, damit in der Erinnerung zu leben. Kain würde für immer seinen sterbenden, blutenden Bruder vor dem inneren Auge haben, der ihn womöglich sogar angefleht hatte, nicht mehr zuzuschlagen. Das Weiterlebenmüssen war womöglich die größere Strafe für Kain. Sterben wäre eventuell leichter gewesen.

Kain zieht nun weg. Er, der Totschläger, bleibt nicht. Er geht weg von seinen Eltern, von seiner Familie. Trennt sich.

Und er nimmt sich eine Frau. Kritiker nehmen das immer als Beweis, dass es schon andere Menschen gegeben haben muss zu dieser Zeit. Dass es nicht nur die Adamitische Familie gab.

Aber in den ABS erfahren wir eben, dass noch Schwestern da waren und dass Kain eine davon, Awon, zur Frau nahm.

Auch hier haben wir wieder eine umwerfende Semantik. Awon heißt auf Hebräisch ‚Schuld, Unrecht'. Das hat nichts mit Avon-Kosmetik zu tun!

Auch das ist ein Hinweis darauf, dass Kain Zeit seines restlichen Lebens nun mit seiner Schuld leben musste, buchstäblich.

Ich frage mich allerdings, wie Ewa auf die Idee kam, eine ihrer Töchter ‚Schuld' zu nennen. Das ist doch verrückt. Hatte sie dabei an sich selbst gedacht? Dass sie, Ewa, die Sünderin, die Schuld auf sich gezogen hatte, indem sie nach der verbotenen Frucht griff?

Ihren Ersten Sohn nannte sie Kain – das heißt, von Gott empfangen.

Den zweiten nennt sie Abel – das heißt, verwehender Hauch.

Dann eine Tochter, der sie den Namen Awon – Schuld, Unrecht gibt. Vielleicht hatte ihnen der Name nur gut geklungen und er bekam erst später diese Bedeutung.

Soll das aneinander gereiht eine Prophetie sein?

Der erste, von Gott empfangene Sohn, macht den zweiten zum Hauch, der von der Erde verschwindet, und mit dieser Schuld muss nun der von Gott gegebene leben und unter diesem schlechten Omen selbst damit Kinder zeugen.

Ganz davon abgesehen, dass Kain von Gott deutlich sichtbar gebrandmarkt wird fürs Leben. Das war offenbar zum Schutz gemeint, aber es muss nicht nur positiv sein. Durch dieses Zeichen würde von nun an jeder sehen, dass Kain etwas ‚auf dem Kerbholz' hatte. Er würde sich Fragen gefallen lassen müssen. „Was hast du denn da? Was bedeutet dieses ‚Tattoo'?" Er würde immer Frage und Antwort stehen müssen.

Insofern sind all diese Begebenheiten sicher auch mystisch zu verstehen, musterhaft. Das alles gilt im Prinzip heute noch, für jeden von uns. Viele Erlebnisse und Sünden werden wir nicht mehr los in unserer Erinnerung, auch wenn wir nicht schuld waren oder sie vergeben wurden von Gott. Die Belastung und- oder die Scham bleibt oft. Das ‚Warum-musste-ich-das-sehen' oder ‚erleben', das ‚Wie-konnte-ich-nur?'.
Die Erinnerung bleibt. Und man ekelt sich vor sich selbst. Man kann sich selbst nicht vergeben.

Es gibt einen weitern, unglaublich wichtigen Sachverhalt, den wir zur Kenntnis nehmen müssen:

Kain hatte ja eine enorm große Sünde begangen, zwar wohl aus Versehen, im Affekt, aber trotzdem war es eine riesige Sünde. Was verlangt nun Gott von Ihm?

Verlangt Gott von ihm, dass er hingeht und unschuldige Tiere opfert, um seine Schuld zuzudecken? Lämmer, Widder und so weiter? Macht er ihm ‚Röcke aus Fellen', wie manche unsägliche Übersetzer das für Adam und Eva gesehen haben wollen?
Wären das wirklich ‚Röcke von Tierfellen' gewesen damals, müsste Gott doch dem Kain nun ebenfalls Röckchen anbieten, wenn dadurch seine Sünde bedeckt werden kann. Denn Kain hatte nicht nur eine verbotene Frucht gefuttert. Er hatte getötet, Blut fließen lassen.
Sagt Gott zu ihm nun etwa: ‚Es muss Blut fließen für Kains Schuld? Dann erst kann Ich wieder mich ihm reden.'?

NEIN! Das tut Er nicht!

Auch das meines Erachtens ist ein weiterer und wichtiger immanenter Hinweis darauf, dass es sich bei den ‚Röcken von

Fellen' um eine absolut dumme und unzulässige Übersetzung einer zentralen Stelle handelt, die damit auch exegetisch auf einen grundfalschen Weg führt. Tut mir leid.

Nein. Kain bereut. Und Gott vergibt ihm. Und dann erleichtert Gott seine Schuld, die Kain natürlich zu tragen hat. Er vergibt, aber lässt nicht ungestraft. Wie später auch immer. Kain bekommt ein Schutzzeichen auf die Stirn. Erinnert uns das an etwas, das später kommen würde? Ja! Später würde Gott von den Israeliten verlangen, dass sie Seine Gesetze auf ihre Stirn schreiben sollen, sozusagen in ihr ‚Gehirn'! Bis heute tragen orthodoxe Juden ein schwarzes Kästchen, die Kopftefillin, zum Zeichen ihres Gehorsams gegenüber dem Gesetz Gottes AUF DER STIRN!
Ich vermute, und auch dafür habe ich gute Gründe, dass dieses Zeichen bereits ein Kreuz war.

Kains Geschichte hört damit jedoch nicht auf. Sie endet erzählerisch mit dem prahlenden Lamech, der damit angibt, er könne sich alles leisten, jeden umbringen könne. Und für Kain galt, dass der siebenmal gerächt wird, für ihn aber dann gelten würde, dass er, Lamech, sieben Mal siebzig Mal gerächt werden würde. Das hat Gott aber nie gesagt. Lamech, ein Enkel Kains, also endet wie es aussieht als ein Größenwahnsinniger, reif für die Klapsmühle!

Aus meiner Sicht ist das eine der Konsequenzen von Sünde. Wenn wir unsere Kinder nicht gut erziehen, wenn wir unsere eigene Sünde und Familiensünde verdrängen, nicht bekennen, nicht bereuen, nicht dazu stehen, nicht aufarbeiten. Unsere Kinder nicht warnen. Sünde wächst in unseren Familien. Die Sünden der Väter, der Eltern sind der Anfang. Durch Geheimhaltung und Übertünchen wächst sie weiter. Bis zum Auswuchs. Doch Sünde lässt sich nicht geheim halten. Wir *spüren* sie! Die Familie wird dysfunktional. Oft können wir das nicht benennen, aber wir spüren es:

Es steht ein fettes, dunkles Monster im Raum, bloß niemand spricht darüber, weil man für das Monster keinen Namen hat und nicht weiß, wie man das alles überhaupt thematisieren soll. Doch alles ist voller Unrecht. Getue, Verheimlichung. Heuchelei. Womöglich bis zum Betrug. Oder Totschlag. Schlimmen Krankheiten. Härte. Lieblosigkeit. Oder Wahnsinn. Das alles sind mögliche Konsequenzen von Sünden der Vorfahren. Das Pendel schlägt aus durch die Sünde. Das große Ungleichgewicht entsteht.

Nach diesem angeberischen, hochmütigen Ausbruch Lamechs endet die Erzählung über Kains Familie abrupt. Lamech bewies, dass großes Unrecht immer weiter wächst, weiter austreibt, zerstört. Auch wenn es erst einmal nicht so aussieht.

Auch hier sehen wir etwas, was Gott später ab Exodus 20 sagen wird. Er verfolgt die Sünden der Väter bis ins dritte und vierte Glied. So auch hier. Gott schaut sich das Ganze an, schaut, ob irgend jemand in dieser verkorksten, von Sünde verkrusteten Familie nach Ihm fragt, Ihn anspricht, und Ihm so die Möglichkeit geben würde, einzugreifen. Doch keiner und keine tut das. Lamech ist die fünfte Generation. Wie Gott sagt, hier bricht Er ab: Keiner will Ihn, keiner fragt nach Ihm, keiner bereut vor Ihm. Er übergibt diesen Clan sich selbst und ihren Sünden. Ihren eigenen, wirren Gedanken, falschem Tun. Das führt zwingend zum Aussterben. Kain und sein ganzer Clan würden in der Sintflut untergehen.

Deswegen rechnet es Gott später Abram so hoch an, dass dieser nach IHM fragt! Und das in einem völlig gottlosen Umfeld. Mit einem leiblichen Vater, Terach, der Götzen dient. Abram wendet sich Gott zu. Spürt, dass die Holzgötzen machtlos sind. In einer Umwelt, in der keiner nach dem wahren Schöpfer fragt, tut Abram es! DAS zeichnet ihn aus. Er hört auf sein Herz und auf sein Hirn. Mehr sogar noch auf sein *Hirn*, seinen Verstand! Er dachte einfach nach, war logisch: Ein Holzgott, der aus einem Baumstamm von Menschen geschnitzt wird und von Menschen einen Namen erhält, *kann* nicht Gott sein! Sehr logisch, sehr folgerichtig gedacht. Der echte Gott braucht sicher keine Menschenhand, um geschaffen zu werden. Und ER hat einen eigenen Namen, der Ihm nicht von Menschen gegeben wird. Er IST einfach.

Das war es also mit Kain. Der Fokus wechselt nun, als ob die Schrift sagen wollte: ‚Das bringt nichts mehr! Lassen wir diese Verrückten.‘ Das wird nichts mehr.

Nun geht der Scheinwerfer wieder zurück, auf Adam und Eva! Kain und seine Nachkommen waren eine Sackgasse gewesen.

Wir wenden uns den Eltern Adam und Ewa wieder zu, den Erstsündern, die wohl sehr schockiert den moralischen Verfall ihrer Familie, ihrer Kinder mit ansehen müssen.
Mut tmut - Tod du Tod.

Die Sünde gebiert den Tod. Den Mord. Den Totschlag.

Sie bekommen aber nochmals einen Neustart. Es kommt ein weiteres Kind zur Welt. Dieses Kind nennen sie nun Set. Set heißt ‚Setzling‘.
Mit dem neuen Kind Set soll nun, offenbar diesmal ganz bescheiden, etwas Neues gesetzt werden, ein kleines Pflänzchen, aus dem, so hoffen sicher die beiden Eltern, etwas Gutes bzw. weitaus Besseres als früher wachsen wird.

Erinnern wir uns an dieser Stelle auch an das, was Yeschua später sagen würde:

‚Hättet ihr nur Glauben wie ein Senfkorn (ein kleiner Same, ein kleiner *Setzling*), dann könntet ihr…‘

Dachte er dabei an Adam und Eva? Die ihre Hoffnung und ihren Glauben erneut bewiesen, indem sie ein weiteres Kind auf die Welt setzten. Die Menschen heutzutage machen es ja gerade anders herum, vor allem in den Industrieländern. Sie sagen sich: Die Welt ist so schlimm, da können wir nicht noch weitere Kinder hineinsetzen! Es wird bald kein Wasser mehr geben, die Verwüstung nimmt zu, die Pole schmelzen und so weiter.

Sicher hatten Adam und Ewa sich vorgenommen, das lässt sich wohl auch aus der Namensgebung ableiten, es nun besser zu machen. Sie hatten sich vielleicht auch vorgenommen, dieses neue Kind besser zu erziehen. Vielleicht weniger stolz auf ihn zu sein, ihn weniger hochzujubeln wie Kain als den Erstgeborenen. Es weniger zu verwöhnen wie Abel, den Jüngeren, der sich vielleicht auch deswegen für einen ‚gottlosen‘ Beruf entschieden hatte.

Offensichtlich hatte Adam dies nicht verhindern können oder wollen. Der hatte ja schon seine Frau Ewa nicht daran gehindert, in Sünde zu fallen. Und sich selbst auch nicht. Adam war offenbar schon irgendwie ein Schwächling.

Henoch, der Ewig Gerechte

Schauen wir nun gespannt, was aus Set wird. Und auch welchen Beruf er ergreift. Er ist demnach der dritte Sohn, insgesamt das sechste Kind! Merken wir etwas?

Set – sie rief ihn Set. Übrigens vergibt nun Ewa die Namen. Erinnern wir uns: Vorher, noch im Paradies, brachte Gott alle Lebewesen zu Adam, damit er sie benenne.
Merken wir das? Sie, Ewa, wird nun zur Erschaffenden, Gebärenden, sie ist nun die, die Leben, Namen und Charakter gibt, damit das ‚Lebens-Programm' buchstäblich auf die Lebewesen in Form ihrer Kinder aufspielt. Abel war schon ‚tot'. Kain und seine Nachkommen böse und großenwahnsinnig.
Und Adam war Mut Tmut.
Tja, das waren beides nun Sackgassen gewesen. Ein ‚neues' Kind konnte es vielleicht noch heraus reißen. Aha. Ein Kind ist uns geboren…
Kommt uns das bekannt vor?

Und Ewa sagt: ‚Wirklich, Gott hat mir für Abel einen neuen Samen gegeben.'
Interessant, dass hierdurch auch gleichzeitig die Semantik von ‚Samen' erklärt wird in der Tora, im ‚Bibelcode'. Same bedeutet ‚Kind'.

Wie hatte Gott als Strafe für die Schlange gesagt?
‚Ich will Feindschaft setzten zwischen deinem Samen und ihrem Samen'.

Das heißt also, wir können das wahrscheinlich im Plural oder auch im Singular schreiben, ‚zwischen deinem Kind und ihrem Kind, zwischen deinen Kindern und ihren Kindern.'

Dazu passen dann auch gleich mehrere andere Stellen.

‚Ein Kind ist uns geboren, ein Sohn ist uns geschenkt…'

‚Ihr habt den Satan zum Vater', sagt Jesus zu den Pharisäern und Priestern. Und so weiter.

Mehr erfahren wir über Set leider nicht. Auch *nicht* erfahren wir übrigens, das als Hieb gegen die Röckchen-Fehlexegeten, leider übersetzt sogar Martin Buber so unglücklich, dass er geopfert und geschlachtet hätte! Auch Adam und Ewa haben kein Dankopfer oder ähnliches für die Geburt ihres neuen Sohnes gebracht. Das wäre uns sicher aufgeschrieben worden.

Schon der nächste Satz beinhaltet wieder einen riesigen Zeitsprung: „Und auch Set wurde ein Sohn geboren und er nannte ihn Enosch".

Über Set wird sehr wenig berichtet. Aber da sein Name schon ‚Same' bzw. ‚Setzling' bedeutet, dürfen wir wohl annehmen, dass das auch sein Beruf wurde. Dass er von Saat und Ernte lebte und damit den vegetarischen Beruf von Adam und Kain weiterführte und Gärtner und Bauer wurde.

Aus Sets Linie entstand Jered und der bekam dann den Henoch und der bekam wiederum den Methusalem, der der älteste Mensch ever wurde, der 969 Jahre alt wurde laut Bibel.

Nun, mit Henoch, kommt etwas Fantastisches. Etwas, auf das der Schöpfer gewartet hatte! Und es bislang NIE bekommen hatte.

Henoch wandelte nun aber mit Gott! Aus den ABS erfahren wir, daß Henoch sich abgesondert hat von den bösen und ungerechten Menschen um ihn herum. Er konnte schreiben und lesen, hat die Gesetze Gottes erkundet und anscheinend auch schriftlich festgehalten. Er kannte sich mit Sternen und Zeiten aus und hat andere gelehrt. Aber auch in den ABS steht nichts davon, daß er Blut vergossen hätte oder Opfer dargebracht hätte.

Und nun kommt etwas sehr Interessantes und Herrliches: Henoch musste NICHT STERBEN! Kein *mut tmut*.

Er wandelte mit Gott, das heißt, er tat was Gott wollte und richtete sich an seinem Willen aus. Wir dürfen also vermuten, dass Henoch mit Gott redete, Ihn bat, Ihn fragte, Ihn bezeugte, in allen Dingen. Und deswegen musste er NICHT sterben. Anders als Adam. Von Ewas Tod lesen wir übrigens gar nichts. Vielleicht war sie die Erste, die nicht sterben musste, da sie eine Gläubige war und Gott diente? Von allen anderen wichtigen Frauen, die später in der genetischen Blutlinie des Messias auftauchen würden, wie zum Beispiel Sarah, Rebecca, Rahel, Lea etc., überall erfahren wir, wann sie sterben! Nur von Ewa nicht.

Was eigentlich logisch ist. Sie heißt ‚Mutter der Lebens'. Wie also könnte die Mutter des Lebens selbst sterben? Bekam sie von Gott sogar die zweite Chance, durfte sie als Maria wieder kommen, der Mutter Jesu? Um die Möglichkeit zu bekommen, ihren Fchlcr wicder gut zu machen?

Obwohl in den ABS steht, dass sie kurze Zeit nach Adam gestorben sei. Naja, sie hatte schließlich auch kräftig gesündigt. Auch das wäre also logisch. Wir werden es genau wissen, wenn wir bei Gott sein werden eines Tages und klar alles sehen und begreifen können. Erkennen, wie auch wir erkannt sind. Und ich habe für meinen Teil noch so schrecklich viele Fragen!

Adam musste mit 930 Jahren das Zeitliche segnen. Er musste wirklich lange diesem gottlosen Treiben zuschauen, das er selbst angerichtet und buchstäblich losgetreten hatte. Das muss extrem frustrierend gewesen sein. Wahrscheinlich hat er sich Tag für Tag Vorwürfe gemacht. Vielleicht bekam er Vorwürfe, Klagen und Flüche auch ins Gesicht geworfen, von seinen Kindern und Kindeskindern.

Das war nun die erste Lektion an die Restmenschen: Henoch wandelte mit Gott. Offenbar als einziger. Vielleicht sogar völlig allein? Hat er sich von den anderen, von den Gottlosen und Gewalttätigen und Weltmenschen ferngehalten? Vegan gegessen, so wie Gott es ursprünglich wollte? Kein Blut vergossen? So wie das auch die Gemeinde heute machen sollte – aber es nicht tut. Sie macht oft das Gegenteil.
Und Gott nahm ihn weg. Offenbar ohne dass Henoch sterben musste.
Das ist eine starke und sehr frühe Vorschattung dessen, was Jeschua einst sagen würde:
‚Wer an mich glaubt, DER WIRD LEBEN auch wenn er stirbt und wer da lebt und glaubt an mich WIRD NIMMER STERBEN!‘

Es geht weiter. Methusalem zeugte den Lemech und der wiederum den Noach. Der Name Noach bedeutet nun ‚Trost‘ oder ‚Ruhe‘.
An dieser Namensgebung können wir recht viel ablesen. Lemech hatte offensichtlich die Hoffnung, dass Noach ihn und alles trösten würde, zur Ruhe führen würde von der Mühsal der Ackerarbeit an der Erde, die Gott verflucht hatte. Es muss wohl damals in der Gesellschaft sehr schlimm ausgesehen haben.

So schlimm und verdorben und arbeitsreich, dass Lemech so ein starkes Bedürfnis nach Ruhe hatte, dass er seinen eigenem Sohn so nannte.

Noach wiederum zeugte drei Söhne: den Sem (SCHM), Ham (CHM) und Japhet (YPT).

Doch noch einmal zurück zu Henoch.
Auch hier sehen wir: Es wird NICHTS über blutige Opfer berichtet, die Henoch womöglich vollbringen musste, damit er angenehm vor Gott war. Nichts steht davon da. Was wir erfahren, ist, dass er mit Gott wandelte, dass er sich offenbar gänzlich an Seinen Willen, an Sein Gesetz hielt. Ihn fragte. Mit ihm redete.
Mehr nicht!
Wohl genau deswegen wurde er von Gott einfach ‚weggenommen'. Das hieße auch, dass dieser Henoch nicht durch den Tod, den letzten Feind, gehen mußte.

Was sehen wir daran? Genau das, was Gott später durch den Propheten Jesaja, Micha und andere verkünden lässt: Dass Er eben keinen Gefallen an Brandopfern und sonstigen Opfern hat. Dass diese Ihn sogar regelrecht anekeln. Sondern, dass Er Gehorsam will!
Gemeinschaft. Vertrauen.

Keine Opfer. KEIN BLUT.

Noah, die Sintflut und die Arche

Kommen wir nun zu Noach, hebräisch NCH, dem Ur-ur-enkel von Henoch. Diese biblische Geschichte rund um Noach, die Flut und die Arche, scheint so bekannt zu sein, auch durch die schrecklich schlechte und unbiblische neuere Verfilmung, dass man vielleicht nicht mehr besonders viel dazu sagen kann. Möchte man meinen. Doch weit gefehlt. Denn dieser Noach und seine Söhne haben überaus viel mit unserem Thema Blut und Opfer zu tun. Ganz davon abgesehen, dass manche Passagen des hebräischen Urtextes rund um Noach und der Flut zu den geheimnisvollsten und am schwersten zu interpretierenden in der ganzen Bibel zählen!

Also schauen wir auch hier genau hin bzw. versuchen wir das zumindest. Vielleicht können wir dem Text mehr abringen, als die anderen Theologen und Übersetzer das bisher vermocht haben.

Noach hat sicher gewusst, was seinem Ahnen Henoch passiert war. Er konnte leider nicht mehr mit ihm reden, da Henoch ja ,nur' 365 Jahre alt wurde. Dieses Alter ist vielleicht auch ein Hinweis auf das Sonnenjahr, das er offenbar errechnet hat. Aber dafür konnte er mit seinem Ur-Großvater Methusalem, dem Sohn Henochs reden, und mit dessen Sohn, seinem eigenen Vater, die beide sicher auch einiges noch von Henoch wußten.

Offensichtlich wollte Noach es genauso machen. Er wollte auch gerecht sein und mit Gott wandeln. Vielleicht wollte er auch nicht sterben, so wie Adam, der starb, der aber zu Lemechs Zeiten ja noch gelebt hatte. Vielleicht wollte er ebenfalls direkt in den Himmel zu Gott, wollte einfach

‚übernommen' werden. Damals hat sich viel überschnitten durch die lange Lebenszeit. (Ja, ich weiß, viele Evolutionisten und Theologen behaupten, dass es so lange Lebenszeiten nicht gab! Sie behaupten, das wäre ein Fehler, oder man hätte damals anders gezählt als heute oder sonst etwas, das die biblisch überlieferten Zahlen entwertet. Ich glaube eher, dass das, was in der Bibel steht, stimmt. Dass die Leute wirklich so alt wurden – und dass dies sogar wissenschaftlich belegbar und logisch ist. Doch das wäre ein Buch für sich.)

Man konnte die Ahnen damals wirklich selbst fragen! Man konnte Adam fragen, wie das in Eden war, wie das mit der Schlange war, warum er die Frucht gegessen hatte. Wir dürfen zu Adams Entlastung annehmen, dass Adam seine Nachkommen heftig davor gewarnt hat, Gott nicht zu glauben und ungehorsam zu sein. Sie hatten ja noch sehr lange gelebt nach dem Rauswurf und sahen ihre Kinder und Kindeskinder. Manche Juden sind sogar davon überzeugt, dass diese ersten Menschen zusammen mit Abraham und Sarah in der Grabhöhle in Hebron liegen.
Doch offenbar hat sich kaum jemand um die Warnungen geschert. Mit Ausnahme von Noach.

Wir lesen, dass die Gewalttaten der Menschen damals enorm zunahmen. Damals müssen Mord und Totschlag und Inzest etc. in unfassbarem Ausmaß geherrscht haben. ‚Gottessöhne', vermutlich die Anhängerengel Satans, die in den irdischen Abgrund geworfen wurden, manche davon eventuell sogar in materieller Ausprägung. Sie nahmen sich Menschenfrauen und diese bekamen Kinder von diesen ‚Wesen' – wie auch immer man sich das vorzustellen hat. Diese Kinder wurden zu den ‚mächtigen Riesen der Vorzeit'. Offenbar gibt es auch Knochenfunde in Ausgrabungen mit tatsächlich riesigen Menschen.

Ebenso hat es vielleicht riesige Tiere gegeben, deren Beschreibungen in den ABS tatsächlich an Dinosaurier erinnern. Diese Menschen und Tiere waren offenbar so groß und gefräßig, dass die Ernten nicht mehr reichten.

Das alles war aber NICHT nach Gottes Willen. Schließlich hatte er nur zu den lebendigen Wesen wie Tieren und Menschen gesagt und ihnen befohlen, fruchtbar zu sein und sich zu vermehren. Nicht zu den Geistwesen! Nicht zu ungöttlichen Kreuzungen zwischen Geistern und Menschen und-oder Tieren. Nicht zu gentechnisch veränderten Lebewesen.
Achtung Leute heute, kann ich nur sagen!
Kein Christ sollte eigentlich in so einem meiner Meinung nach regelrecht teuflischen Beruf arbeiten, der an Seiner Schöpfung herum ‚genitisiert'. Vor allem nicht an der menschlichen Schöpfung. Das ist meine eigene, echte Meinung dazu.
Seit in Deutschland diese gräßliche Gesetz für das ‚dritte' Geschlecht eingeführt wurde, habe ich noch eine ganz andere Vermutung. Der Gesetzgeber macht so etwas meist nicht wegen ein paar tausend Menschen. Nein. Ich vermute, daß der Staat oder die Staaten mit ihrer ‚Neuen Weltordnung', an der sie stark arbeiten, etwas damit vorbereiten. Ich vermute sie bereiten Massenclonung vor, oder künstliche Befruchtung in riesigen Ausmaßen, oder Ähnliches. Da dies alles künstliche, also nicht gottgewollte Interventionen sind, werden diese auch andere Ergebnisse erzeugen, als eine normale Befruchtung durch normalen Geschlechtsverkehr. Zum Beispiel könnten durch Künstliches mehr Menschen entstehen, deren Geschlecht sich dadurch nicht richtig entfalten kann!
Leute, haltet die Augen offen und laßt Euch nicht dauernd für dumm verkaufen!
Leider lesen unsere Jugendlichen in der Schule nur noch dummen, modernen Kram wie ‚Tschick' oder Ähnliches. Hey,

lest lieber Orwells ‚1984' oder Huxleys ‚Schöne neue Welt'. Da gehen Euch die Augen wenigstens einmal auf! Es ist spannend, kurz und lehrreich! Dann seht Ihr, wo wir heute stehen! Auch ‚Faust' hat mit diesen Dingen weit mehr zu tun als dieses moderne ‚Literatur'-zeug. Oder lest am besten die Bibel, etwas Ewiges.

In der Bibel haben wir an dieser Stelle ebenfalls seitens der Geistwesen und seitens der Menschen erheblichen Ungehorsam. Und Mord und Totschlag hatte Gott sowieso noch nie erlaubt.

Als Er nun das ruchlose, tötende und verhurte Treiben der Menschen und Geistwesen, damals sah, das offenbar immer schlimmer wurde, entschloss Er sich, seinem ‚Projekt' nun doch ein Ende zu setzen. Es hatte keinen Wert.
Es gab damals auf der Erde offenbar nur einen einzigen Menschen, der das tat und tun wollte, was Gott wollte: Noach. Und offenbar war seine ganze Familie noch genetisch rein, unverdorben von den Dämonen, ETs, ‚Außerirdischen', wie auch immer wir diese abartigen Wesen nennen sollen.

Da nun Gott gerecht ist und Unschuldige nicht bestraft, musste Er nun natürlich einen Weg finden, wie Er Noach und seine Familie leben lassen, aber die anderen gesetzesfernen und bösen Wesen ausrotten konnte. Denn diese waren schon im Leben dem *mut tmut*, dem Tod preisgegeben, Sie hatten sich selbst dem Tod preisgegeben durch ihre Gottesferne.
Offenbar hatten diese Gesetzlosen sogar die Tiere mit in ihr fieses Treiben hineingezogen, so dass die Vernichtung auch alle Tiere treffen würde müssen. Vermutlich hatten die Menschen auch die Arten und Rassen miteinander vermischt. Das ging ebenfalls gegen Gottes Gebot, dass Er eben alle Lebewesen nach ihrer Art geschaffen hatte und auch wollte,

dass diese so erhalten bleiben. Das wissen wir später aus dem mosaischen Gesetz: Gott wollte Reinerhaltung der Arten, verbot Vermischung, sogar im Anbau auf dem Feld. Auch bei Menschen. In diesem Sinne ist es extrem gotteslästerlich, was wir heute abziehen im Bereich Züchtung, Kreuzung, Biochemie, Klonung etc. Gott wird das sicher ausspucken. Ebenso sind ‚bunte‘, rassisch gemischte Gesellschaften daher sicher nicht nach seinem Geschmack. Er hatte die Rassen schließlich absichtlich höchst selbst voneinander getrennt.

Und ‚Gläubige‘, die so etwas machen? Das kann man sich selbst beantworten. Er findet es sicherlich zum Ausspucken, hier würde ich mich sogar getrauen das mit ‚Kotzen‘ zu übersetzen, so wie Er es auch in der Offenbarung des Johannes sagt. Wer das nicht glaubt, der lese es nach. Das Gesetz gilt. Heute wie damals. Das war damals so – und es ist heute so.

Noch ein Wort zu ‚Rassismus‘. ‚Rassist‘ ist ja heutzutage zu einem der größten Schimpfworte geworden, die man heute einem Menschen in unserer modernen, coolen, politisch gewollten bzw. eher aufoktroyierten Multitkulti-Welt an den Kopf werfen kann. Und damit ist dann gemeint, dass man einer Überfremdung der eigenen Kultur und ‚Rasse‘ Einhalten gebieten möchte, dass man nicht möchte, dass sämtliche Ausländer auf Kosten der Steuern und Abgaben, die die Einheimischen erarbeiten müssen, sich es gut gehen lassen können und noch nicht einmal dafür arbeiten müssen, und so weiter etc.

Ein Wort zu all diesen Leuten:
Gott selbst ist, wenn man es genau nimmt, im Prinzip der größte ‚Rassist‘. Er hat die Rassen und Arten nämlich geschaffen. Außerdem haben Menschen schon einmal probiert, sich zusammenzurotten, sich weltweit zu vereinigen und ihren eigenen, gottlosen Kopf durchzusetzen. Das Projekt hieß damals ‚Turmbau zu Babel‘. Damals kam Gott herunter,

verwirrte die Sprachen (und womöglich trennte er bei dieser Gelegenheit sogar die Menschen in Rassen) und verstreute sie in alle Welt. Und Er wird wohl bald wieder herunterkommen. Er muß sogar herunter kommen. Denn wir sind heute schon weitaus schlimmer als Sodom oder Babylon!

So wie es aussieht will Er, dass die Rassen möglichst unvermischt und ‚unbehandelt' weiter existieren. Völlig egal, ob wir das verstehen oder nicht. Ob wir das gut finden oder nicht. Ein Gläubiger stellt das nach oben und richtet sich danach, was der höchste Schöpfer will. Gottlosen ist das egal, sie machen was sie wollen, weil heute ja sowieso alles anders sei, wir wären moderner und cooler als damals – denken und sagen sie. Selbst Leute, die sich als ‚Christen' oder gar als ‚Wiedergeborene' bezeichnen, finden viele Dinge, die Ihm ein Gräuel sind, mittlerweile normal. Und bei den Juden, die eigentlich unser Vorbild in Bezug auf Gottestreue sein sollten, hat sich auch Vieles eingeschlichen.

All denen kann ich nur sagen: Viel Spaß dann, wenn Yeshua zurück kommt. Viel Spaß beim zumindest temporären Bruzzeln, oder sogar auf der Seite des Spreus, auf der Seite der Böcke. Aber das ist Seine Sache. Meine bzw. unsere Aufgabe ist, zu *beurteilen*, aber nicht zu *ver*urteilen.

Nur, Gott ändert sich nicht. Er ist heute noch derselbe wie damals bei Adam und Noach.

Unbenommen ist allerdings, dass wir heute kaum noch wissen, was mit welcher Pflanze, mit welchem Lebewesen bereits passiert ist, auch mit denen, die wir essen. Das ist ein Grund, weshalb ich zumindest versuche, vegetarisch zu essen und wenn ersichtlich, auf Genfood verzichte.

Aber wie gesagt, die Produzenten sind raffiniert und wissen kann man es heutzutage kaum noch. Sie werden ihren ‚Lohn' dafür bekommen. Ja, wir wissen sogar kaum noch, was die ursprüngliche Rasse oder Art eines Tieres oder einer Pflanze war! Denken wir nur an die vielfach gekreuzten und bis zur

Unkenntlichkeit gezüchteten Hunde und Katzen! Man denke an Äpfel, Tomaten, Orangen.

Zwangskreuzungen zwischen Arten, man denke nur an die Josta-Beere oder Clementinen.

Ob auch das gemeint ist von Gott, ist nicht ganz klar. Offensichtlich dürfe sein, dass sich diese Arten nicht freiwillig kreuzen und neue Arten hervorbringen. Außerdem gibt es selbst in der Biologie keine perfekte Definition von Arten. Hinreichend dürfte der Begriff der Fortpflanzungs-gemeinschaft sein. Das heißt, Arten, die miteinander ohne Probleme Nachkommen zeugen können, dürften wohl ihre Art erhalten. Dagegen spricht aber, dass gerade bei den Israeliten auf ,Reinhaltung' des Stammes und des Glaubens geachtet wurde. Zum Beispiel sehen wir bei Jakob, dass dieser innerhalb seines Clans heiratete, Esau dagegen außerhalb des Clans, der heiratete Kanaaniterinnen und eine Ägypterin.

Und seine Eltern sind deswegen fast durchgedreht. Genauso sehen wir es bei Isaak, dem Träger des Segens: Seine Mutter Rebekka schickte extra einen Diener in ihre alte Heimat los, um ihrem Sohn eine Frau aus dem eigenen Stamm zu organisieren. Israel als Volk bekam sogar oft das Gebot, sich nicht mit den Völkern zu vermischen, nicht gegenseitig zu heiraten, nicht Freundschaft zu pflegen und dergleichen mehr. Trennung!

Wir sollten das daher nicht von der Hand weisen. Es sieht so aus, als ob Gott es PUR mag! Auch wenn uns das nicht passt, weder im sexuellen, noch im biologischen Bereich der Rassenmischung. Das alles ist ja heute sooo schrecklich modern und politisch gewollt – warum auch immer, die Politik dient ja nicht Gott – und natürlich gelte ich als extrem hinterwäldlerisch, das überhaupt anzusprechen. Manche Menschen finden es sogar besonders cool mit einer gänzlich anderen Rasse sexuell umzugehen, das muss man ja schließlich auch einmal probiert haben. Wir sehen hier wieder sehr schön die Lügen des Bösen…

Bloß ist es mir mittlerweile ziemlich egal, was die Leute sagen. Wenn Gott etwas anderes sagt und will oder gar befiehlt, dann braucht man nicht viel Phantasie, um herauszufinden, wer letztendlich gewinnen wird: Der Allmächtige? Oder der dumme Mensch, der sich ja ach so schlau findet und meint, seine eigenen, dummen Regeln machen zu können?

Damit ist, wie gesagt, schon Adam gescheitert. Und jeder nach ihm auch. Für meinen Teil bin ich früher, als mir das alles noch nicht klar war und die falsche Lehre der heutigen ‚christlichen‘ Gemeinden auch mich infiltrierte, oft genug nach eigenem Gusto fehl gegangen, mit zum Teil dramatischen Konsequenzen. Ich nehme das tatsächlich auch teilweise den falschen christlichen Lehren und denen übel, die diese verbreiten.
In Summe bin ich dann jetzt lieber ein Henoch oder Abraham als ein Adam!

Nur eines dazu: Wenn Gott im Alten und im Neuen Testament sagt, dass ihm Homosexualität ein Gräuel ist, dann hat kein Gläubiger das Recht, dies gut zu finden oder gar Homosexuelle zu trauen. Toleranz ist etwas anderes. Aber nur insoweit, solange sie bereit ist das Falsche zwar stehen zu lassen, aber eben artikuliert, dass es falsch ist. Tolerant sein heißt nicht ‚etwas gut zu finden‘, was ungut ist. Genauso gilt das für Prostitution und Männer, die das nutzen, Habgier, Ehebruch, Promiskuität und so weiter. Was die ‚Ungläubigen‘ machen, ist deren Sache. Wer aber sagt, daß er an den Gott der Bibel glaubt… Beendet den Satz selbst.

All diese ‚Sünden' hatten wohl damals zur Zeit Noahs Hochkonjunktur. Kommt uns davon vielleicht irgend etwas bekannt vor?

Achtung! – sollten wir echten Gläubigen daher laut sagen. Wir dürften heute sündtechnisch deutlich ‚weiter' sein, als die Leute es damals waren. Und es wird uns daher kaum besser gehen als denen damals, vor allem wenn man die biblische Prophetie in Bezug auf unsere Endzeit ins Kalkül zieht. Aber über ‚Sünde' zu reden, ist ja so schrecklich uncool.

„Es wird sein wie zu den Zeiten Noachs...", so sagte es Yeschua auf die Frage, wann die Endzeit kommt und wie das sein wird. Das IST es doch bereits! Wir haben doch bereits alles abgeschafft, was nach Moral und Sitte und Anstand aussieht. Der Mensch hat sich selbst zum Maßstab gemacht. Und hat die Maßstäbe des Höchsten abgeschafft. Christen inklusive.

Nun zurück zu Noach: Gott befahl also dem einzig Gerechten in der damaligen Zeit den Kasten ‚Arche' zu bauen, mit dem er auf der Strafe ‚Flut' schwimmen konnte. Durch diese Flut sollten alle Gottlosen Menschen und Tiere umkommen. Die Erde sollte von diesen befreit werden.

Gott wollte dann mit diesem Noach und seinen Kindern, dieser einen Familie, einen völligen Neustart schenken. Ohne Ballast. Ohne Sünde. Ohne Monster.

Noach fing also an zu bauen. In diesem Zusammenhang gibt es einen guten Film ‚Evan Allmächtig', in dem ein Abgeordneter von Gott diese Aufgabe bekommt der so zu ‚New Yorks Noah' mutiert. Ich glaube, dass Manches damals ähnlich war beim Bau der echten Arche. Bestimmt haben die anderen Noah ausgelacht. Sie sahen ihn bauen und bekamen einen Lachanfall. Eine Flut soll kommen? Haha.

Wozu machte der Verrückte Noach das? Sie verhöhnten und verspotteten ihn bestimmt.

Aber er hörte auf Gott. Wirklich Gläubigen geht es auch heute so. Wir werden verspottet. So modern diese Leute heute auch tun, für Homosexuelle eine Lanze brechen, Abtreibung gut finden und das selbst machen, sich künstlich befruchten lassen, ihre Eier einfrieren, sich die mieseste Chemie reinhauen, ihre zarten Babys impfen und sich dann wundern, warum die an ‚plötzlichem Kindstod' oder Blutkrebs sterben – aber für die, die an Gott glauben, wie die Schrift sagt, dazu reicht die Toleranz nicht.

Das ist übrigens ein Beweis dafür, dass man richtig liegt, wenn die ganzen Dummen, die sowieso nicht selbst nachforschen, sich vom Zeitgeist unterjochen lassen und nicht glauben, dagegen sind und einen verhöhnen und verspotten.

Was wird sich Noch gedacht haben? Was hat sich seine Frau gedacht? Die Kinder, deren Frauen? Wenn die Flut kommt bin ich drin und ihr draußen? Wir lesen jedenfalls nichts davon, dass Noach und seine Familie versucht hätten zu ‚missionieren'. Wir lesen auch nichts davon, dass er den Auftrag zu so einer ‚Mission' erhalten hätte.

Gott hatte keine Hoffnung mehr für die anderen. Die waren vorher schon ertrunken: In der Flut von Sünden, Mutationen und Bösartigkeiten aller Art.

Es gibt einen Moment, wenn man zu viele richtig böse Sünden begangen hat, ich nenne ihn den ‚Point-of-no-return des Glaubens', ab dem man nicht mehr zurück kann. Das ist wie im Moor. Oder wie im Flugzeug die Mitte der Strecke. Wenn man zuviel Gewissen, das heißt den Rest Gottesgefühl im

Menschen, bereits verschleudert hat, reicht das Restgewissen nicht mehr zu Umkehr aus. Man versinkt immer tiefer in der Sünde. Wenn man zu oft gegen die eigene Gewissensstimme, die Stimme des Erlösers Yeshua, der Gläubigen, gegen die Stimme, die einen hindern will noch weiter abzurutschen, die einen zurück holen will, verstoßen hat, dann ist das Gewissen tot. Und ich glaube, ab dem Moment ist Glaube wirklich fast unmöglich. Man bekämpft sogar die Gläubigen. Bis aufs Messer. Bis aufs Blut.

Nun baute also Noah die riesige Arche, wahrscheinlich zusammen mit seinen Söhnen. Das wird sicher einige Jahre lang gedauert haben. Das heißt, viele Menschen müssen das bemerkt haben.
Viele Menschen hatten viel Zeit, sich zu hinterfragen und nach Gott zu fragen und umzukehren. Offenbar hat das keiner gemacht.

Dann schickt Gott alle Gläubigen in die Arche, genau ACHT, und lässt die Tiere paarweise dazu kommen (womöglich auch nur den genetisch ‚sauberen' Rest aus der Tierwelt). Erst danach schloss er die Arche, als Noach und seine Familie darinnen waren.

UND DANN fing der Regen an. Die Fluten von oben und unten brachen los. In vielen Kulturen und Religionen gibt es Sintflutüberlieferungen, im Buddhismus, im Hinduismus, im Chinesischen etc., die recht genau dem biblischen Bericht entsprechen. Im Chinesischen besteht das Wort Rettung und Glück offenbar sogar aus den Zeichenelementen ‚großes Schiff, acht, Menschen, Wasser'. Wenn das kein Sprachgedächtnis ist! Das heißt, wir dürfen davon ausgehen, auch viele Ausgrabungen und geologische Gegebenheiten legen es nahe, dass wir es hier mit einem tatsächlich historischen Bericht in der Bibel zu tun haben.

Viele Wochen lang kam das Wasser von oben und unten, nahm zu und ertränkte alles Leben. Auch die Vögel starben natürlich, da sie nichts mehr zu essen fanden. Interessant dürfte sein, dass viele Meeresbewohner es überlebt haben müssten, denn Wasser war ja deren Element. Obwohl in diesem Zusammenhang die Aussüßung des Meerwassers bzw. Versalzung des Süßwassers ebenfalls zu einem großen Sterben unter Wasser geführt haben müssen. Offenbar sind die einzigen Überlebenden ‚Monster' aus dieser Zeit die Wale, die ja zu den größten Säugetieren gehören.

Danach ging das Wasser viele Wochen wieder zurück.

Die Arche landete dann nach fast einem Jahr auf dem Gebirge Ararat. Es trocknete weiter und Noach, die Tiere und seine Familie konnten irgendwann aussteigen.

Und jetzt kommt wieder etwas, das für unser Thema sehr wichtig ist: Erst jetzt redet Gott wieder mit Noach! Bis dahin war Sendepause. Gott war vielleicht sogar sauer auf Noach gewesen.

Nach ungefähr einem Jahr nun redet Er zu Noach und befiehlt, dass Noach, seine Familie und alle Tiere aus der Arche hinaus gehen sollen und sich vermehren sollen.

Weiter sagt Er nichts. Erstaunlich kurz und knapp.

Noah geht also hinaus. Seine Familie und die Tiere auch. Und OHNE, dass Gott es verlangt, opfert Noach jetzt ein Brandopfer.

Wieso? Warum?

Die geläufige Auslegung unter Christen ist, dass er dankbar war. Aber es gibt noch eine andere Begründungen, die zum Teil von der urchristlichen Bewegung vertreten werden, wie von Skriver. Diese andere Auslegung empfinde ich als durchaus plausibel.

Sie sagen, dass es ein Reueopfer war, weil er nicht gehorcht hatte und anstatt sieben Paare der reinen Tiere nur zwei Paar genommen hatte. Deswegen hätte Gott hinter ihm ‚zugeschlossen' bzw. hätte ihn sogar eingeschlossen, was auch heißen könne, dass Gott sich Noach verschlossen hatte. Und Noach musste dann zum Dach hinaus. Nicht zur Türe!

Warum? Die hatte Gott zugeschlossen.

Exit denied!

Deswegen musste Gott Noach selbst auch dann explizit sagen, dass er nun hinaus gehen soll. Der hat sich bestimmt von selbst nicht getraut, hatte vielleicht Angst wegen seines Ungehorsames, von Gott mit einem Blitz getroffen zu werden.

Auf jeden Fall fällt nun Noach ein, kaum ist er an Land, Gott einen Altar zu bauen und ein Blut-Opfer darzubringen, und das auch noch von den reinen Tieren, die er damit nochmals deutlich verringert. Er tut das, ohne dass er einen göttlichen Befehl dazu gehabt hätte. Erinnern wir uns, dass Gott es immer sagt, wenn Er etwas will, Er gibt Gebote, Er redet.

Er IST das Wort!

Erstaunlicherweise wird nur berichtet, dass Noach den Altar baut und opfert. Nicht seine Söhne. Vielleicht, weil er und nur er ungehorsam gewesen war?

Hier wird zum ersten Mal in der Schrift das Brandopfer erwähnt und dargebracht, das *alt (ayin-lamed-taw), gesprochen wird das als Olot*. Ein Opfer, das vollständig verbrannt wurde. Da blieb nichts zum Essen für die Opfernden übrig, wie das bei anderen Opferarten der Fall war. Vermutlich war es ein ebensolches Opfer, das Abel dargebracht hatte. Kain brachte eine Mincha, eine Gabe der Ackerfrüchte, dar. Pur und vegetarisch.

Nun opfert also Noach, vergießt sehr viel Blut, da er, so steht es da, von ALL dem REINEN Vieh nahm. Was für ein Blut-Opferrausch muss das gewesen sein! Wie das gestunken haben muss! Wie viel Arbeit das war, der gute Noach muss ordentlich geschwitzt haben! Und die armen Tiere! Dieser Noach musste einen wahnsinnigen Druck, ein unglaublich schlechtes Gewissen gehabt haben!
Anders ist das psychologisch nicht zu erklären.
Oder?

Dann passiert etwas Interessantes. Bislang hatte sich Gott, der Herr, nach Seinem Befehl, dass die Arche verlassen werden soll, nicht mehr zu Wort gemeldet.

Wie reagiert nun der Höchste auf dieses extrem blutige Massenopfer des Noach? Gibt es von Ihm Lob und Anerkennung dafür? Das müßte es, wenn es Ihm gefallen hat und Seinen Gesetzen und Geboten entsprochen hätte.

Schauen wir genau hin:

Jetzt steht da, dass Gott das Brandopfer RIECHT. Er riecht den Geruch ‚des Wohlgefallens' – *at rich hnichch*.
Dieser Geruch ‚des Wohlgefallens' finden wir so, genau in dieser Übersetzung öfter in den späteren Büchern der Tanach. Ich kann mir kaum vorstellen, dass dieser Große Allmächtige Gott gefallen am Geruch des Grillgutes hat. Gott, der Große Geist, als Barbecueliebhaber? Never ever. Sorry!

Ich könnte wetten, dass man das anders übersetzen muss. Eher in die Richtung: Der Geruch, der ihm gefallen *sollte*. Denn später sagt Er bei bzw. zu den Propheten, dass Ihm Opfer nicht gefallen und es für Ihn regelrecht stinkt!

Klar. Logisch. Für mich völlig klar. Über dieses *rich hnichch* würde ich gerne mich hebräischen Gelehrten besprechen und streiten! Kontaktiert mich also bitte, wenn Ihr hierzu etwas Substanzielles und Kompetentes beizutragen haben! Ich bin überzeugt davon, dass diese Stelle etwas anderes als das Offizielle heißen *muss*.

UND jetzt Achtung!

Jetzt spricht der Herr zu Sich selber, zu Seinem Herzen. Zu Seiner Liebe für uns Menschen? Wir hören zum ersten Mal einen echten Monolog Gottes in der Tora! Ich glaube, es ist sogar der einzige in der gesamten Bibel. Als Er sprach ‚Lasst uns Menschen machen' redete Er mit jemandem.

Ich habe so lange über diesen langen Monolog nachgedacht, der ist alles andere als einfach. Er ist sogar regelrecht widersprüchlich! Schwere Kost. Daran hatte ich lange und kräftig zu kauen. Also hört Euch das Ergebnis meiner Überlegungen, Fragen und Kämpfe nun bitte mit gehörigem Respekt ☺ an:

Für mich ist das, was vom Herrn nun kommt, eine Kapitulation Gottes vor dem Menschen und dessen abartiger Natur! Entweder musste Er nun Noach wegen seines Ungehorsams auch untergehen lassen ODER, und dafür entscheidet Er sich offenbar, Er lässt es einfach alles laufen. Lässt Noach und seine Söhne ‚laufen'.

Er sagt zu Sich selbst, der Große Gott, sinngemäß, lest es selbst nach im Originaltext, ich übersetze es hier so wie ich den Sinn der Stelle empfinde und eher in moderner Sprache:

„Es reicht mir jetzt, es ist sinnlos. Ich werde die Menschen nicht mehr verfluchen, dann das Herz dieser Typen ist einfach

BÖSE von Jugend an! Sogar Noach gehorcht mir nicht. Der ermordet gerade zig M*einer* Geschöpfe, die meinen Odem haben, die I*ch* geschaffen habe, und das nur, weil er ein schlechtes Gewissen hat, der Verrückte! Ich lasse es jetzt laufen ohne sie zu schlagen, sollen sie Saat und Ernte haben, Tag und Nacht, was soll's. Ich lasse meinen Restsegen, meine Restmacht auf der Erde, aber das war es jetzt für mich. Vielleicht kommt ja später noch mal irgendeiner, der wirklich nach Mir fragt und gehorsam sein will."

DANN ‚segnet' Er Noach sogar noch und seine Söhne auch, Er steht also trotzdem zu dem Versprechen, das er Noach gegeben hatte. Meines Erachtens ist das eigentlich kein ‚Segen'. Er sagt ihnen einfach, wie es weiter laufen wird:
Sie sollen sich vermehren und die Erde füllen (das hatte Er beim ersten Segen an die Menschen auch schon gesagt) und (ich würde hier eher mit ‚aber' übersetzen) Furcht und Schrecken werden vor ihnen hergehen und alle Tiere werden davon betroffen sein.

Furcht und Schrecken - das vielleicht wegen der Blutopfer? Die Tiere konnten sich vielleicht fortan ihres Lebens nicht mehr sicher sein, weil irgendwelche Sündertrottel meinen würden, sie müssten unschuldige Tiere opfern? Oder meinen, Fleisch essen zu müssen.
Bisher hatte der vegetarische Urbefehl gegolten. Ab jetzt wohl nicht mehr. ABER, das ist ungemein wichtig, Gott sagt nicht und nirgends, auch später nicht zu den Israeliten, nirgends in der ganzen Bibel (!), dass die Menschen Fleisch und Tiere essen *müssen*! Im Gegenteil.

Aus meiner Sicht kommt jetzt etwas Tragisches: Er, Gott, der Höchste, der Schöpfer, der alle Naturgesetze und alle Regeln gemacht hatte, nimmt nun fast alle Seine Guten Gebote zurück.

Wahrscheinlich, weil sie sowieso nicht eingehalten werden. Er schmeißt dem Menschen buchstäblich alles hin, der Mörder Mensch darf nun machen und fressen, was er machen und fressen will!

Mit einer Einschränkung, die unten noch kommt.

Viele Christen nehmen genau das als Freibrief dafür, sogar Schweinefleisch, Meerestiere und sonstigen Fleischkram zu ‚fressen', obwohl sie behaupten, sie würden Yeschua nachfolgen! Doch das stimmt nicht. Oder?

Das Problem dabei ist, dass Yeschua ALLE Gesetze erfüllt hat, und dazu gekommen ist, das Ende mit dem Anfang zu verbinden. Das heißt, so sagen das auch viele ABS Schriften, Er war Vegetarier, sogar Veganer. Das lässt sich sogar aus dem Neuen Testament ableiten. Keine Sorge, das werde ich in einem anderen Buch genau erklären. Denn das Vegetarische war der Ursprungsbefehl. Zumindest hat Yeshua *garantiert nie* etwas Unkoscheres gegessen.

Aber Gott macht nun doch eine wichtige Einschränkung, hier gehen wir wieder in den Urtext, in meinem Übersetzungsmix, das ist ein HAMMERTEXT:

„Nur Fleisch mit seiner Seele, seinem BLUT, esst nicht! Auch euer Blut, also eure Seele, fordere ich. Von der Hand jedes Wesens fordere ich es, von der Hand des Menschen, von der Hand seines Bruders fordere ich die Seele des Menschen. Einer der Menschenblut vergießt, dessen Blut wird durch Menschenhand vergossen, denn im Ebenbild Gottes wurde der Mensch gemacht."

Also: Leben um Leben, Seele um Seele, Blut um Blut. Gesetz.

Dann macht Er einen Bund mit Noach und seiner Familie UND allen Tieren, ALLEM Fleisch! Also nicht nur mit den

Menschen! Die meisten Juden und vor allem Christen vergessen das!!!

Das Zeichen für diesen Weltzeitbund ist Sein Bogen, den Er in die Wolken setzt. Das ist der Bogen über Seinem Ewigen Thron. Ein Abglanz davon. Als ‚Erinnerung' für sich selbst und für die Menschen, dass Er die Menschen und Tiere nicht mehr durch eine solche globale Flut vernichten würde.

In diesem langen Wortschwall Gottes, und Er spricht einmal wieder sehr viel, müssen wir uns einige Stellen genau anschauen. Das ist so wichtig und es wird so oft m. E. falsch gesehen und übersetzt. In diesen Sätzen steht die ganze Neue ‚Nach-Sintflutliche Weltordung', wie ich es nenne. Ich werde diese im Folgenden mit **NNSW** abkürzen. Diese wird erst abgelöst… na, von was???

Richtig! Durch Mosche (Mose) und das Gesetz, das ihm gegeben wird und das diese Punkte novelliert und ergänzt, allerdings nur für Israel. Die Goyim lebten weiter unter der NNSW. Genau dadurch wollte Er zeigen, daß es Segen und Glück bringt, auf Ihn zu hören! Eng mit Ihm verbunden zu sein. Das war der Plan. Er wollte den Unterschied klar machen.

In dieser neuen NNSW Gesetzgebung kommt das Blut ja sehr häufig vor. Nur EINES sagt der Große Gott WIEDER nicht! Na was?

Genau! Er sagt nichts, befiehlt NICHTS in Bezug auf Opfer, Gaben oder gar Blutopfer, die Er für Vergebung unserer Sünden braucht!
Hahaha!
So viel nochmals zu den ‚Fellröckchen'!
So viel zu den blutgetränkten und blutberauschten Christen, Juden und Moslems!

Im Gegenteil!

Er sagt faktisch sogar: „Leute, Hände weg vom Leben! Hände weg vom Blut! Bei diesem Thema ist mit mir nicht zu spaßen! Da legt Ihr Euch auf einer ewigen Ebene mit Mir an, dies wird riesige Strafen nach sich ziehen! Und keiner, der Blut vergießt, egal wer, wird geschont werden! Und keiner, der Blut frisst!"

Jaja, ich höre schon die ‚Blutige Steaks- und Blutwurst-Christen', und auch die fleischverliebten Juden und Moslems: ‚Er erlaubt doch hier alles! Und auch später wird den Juden erlaubt, koschere Tiere zu essen!'
Stimmt. Aus den ABS erfahren wir jedoch, dass Mosche hierüber aber mit Gott regelrecht und hart verhandeln musste. Die Israeliten sollten eigentlich vegetarisch leben, das sieht man auch sehr schön am Manna, das Er schickte. Von Gott selbst kommt NUR Vegetarisches. Genau genommen sogar nur Veganes.
Ausschließlich auf das Murren der Israeliten in der Wüste hin, werden sie mit vermutlich bereits toten Wachteln zugeschmissen. Worauf eine Krankheitswelle folgte, an der viele starben.

Mosche sah voraus, dass die Israeliten schon mit dem Einhalten der anderen Gebote kaum klarkommen würden. Wenn sie nun auch noch völlig auf Fleisch, Steaks, Braten und so weiter verzichten mussten, würden sie es gar nicht schaffen, wo sie sich doch bereits in der Wüste nach *wenigen* Wochen heftigst nach den Fleischtöpfen Ägyptens zurückgesehnt hatten. Deswegen hat Gott sich von Mosche wahrscheinlich ‚breitschlagen' lassen, ihnen die koscheren Tiere zuzugestehen. Wohl gemerkt, als ERLAUBNIS, nicht und nie als MUSS. Kein Jude und kein Christ wird *gezwungen*, Fleisch zu essen. Keiner *muss* es!

Im Gegenteil!

Das Vegetarische, sogar das Vegane ist der einzigartige Urbefehl.

Gott hatte eine vegetarisch-vegane Weltordnung auf breiter Basis, für Mensch und Tier geschaffen, zu der übrigens Seine Schöpfung auch wieder zurückkehren wird. Dieser vegetarische Essbefehl ist religionsgeschichtlich übrigens EINZIGARTIG!

Daran erkennen wir das sanfte und mitleidende Wesen unseres großartigen Gottes!

Ich rufe zu allen wahrhaft Gläubigen in Seinem Namen, auch zu mir selbst, ich schaffe es oft, aber auch nicht immer qua Prägung von Kindheit an:

Lasst uns unseren Herrn ehren und die letzten Tage BLUTLOS und FLEISCHLOS leben! Denn ich glaube, je sündloser, gesünder und sauberer wir leben, desto mehr erkennen wir Ihn und um so schneller kann Er kommen und sich manifestieren.

Und vielleicht hat Er mir auch nur deswegen alle diese Erkenntnisse gegeben, weil ich Ihm in all dem Recht gebe und zumindest versuche, das auch zu machen. Ohne dass ich mich und vor allem nicht IHN theologisch verbiege, um zu legitimieren, dass ich leider noch ab und zu Heißhunger auf ein Steak oder Putenwiener habe. Auf Schwein zu verzichten, das ihm ebenfalls ein Gräuel ist, fällt mir jedoch recht leicht, das habe ich mir schon lange abgewöhnt. Wenigstens das.

Aber zurück zur Blutrede des Herrn. Das, was Er hier verlangt, ist eigentlich ein Paradoxon. Ich habe mich lange gefragt, warum Er an dieser Stelle nun ausgerechnet darüber redet. Direkt nach der Flut, nach der Rettung der acht Menschen und der vielen Tiere nach der sicheren Landung. Übrigens werden weit mehr Tiere gerettet, als Menschen, habt Ihr, liebe Leser, schon mal darüber nachgedacht!? Die Tiere sind Gott alles andere als egal! Das nur zu unserem Fleischfraßkonsum. Zu unserer menschlichen Arroganz. Das nur zu der Tierquälerei, die in ‚christlichen' Ländern an der Tagesordnung ist bis hin zu den regelrecht teuflischen Laboren.

Zum Einen gibt Er, wohl aus der bisherigen Erfahrung mit den grausamen Menschen, alle Tiere zum Fraß frei, vordergründig zumindest.
Auf der anderen Seite verbietet Er das Essen und Vergießen von Blut, bei Mensch und Tier.

Was sollen wir nun davon halten? Ist Gott schizophren? Weiß Er nicht, was Er da sagt?
Nun, ich jedenfalls vermute das nicht. Sondern etwas ganz anders. Das ist eine kleine Eigenart diesen Großen Gottes. Schauen wir wieder einmal genau hin.

Vor der Sintflut galt der vegetarische Befehl. Und alle Menschen, die Gott ernst nahmen, haben sich sicher daran gehalten. Wir hören auch zum Beispiel nicht, dass Adam, Eva, Kain, Henoch oder sonst irgendwer Fleisch gegessen hätten. Wahrscheinlich hatten aber die ‚Riesen' und deren Kinder, die verseuchten Wesen durch die Gottessöhne, Fleisch gegessen, das könnte sein. Vielleicht wurden die Tiere sogar ‚gerissen' von den Riesenmenschen und Riesentieren, und roh gegessen. Sonst gäbe es ja keinen Grund für Gott, das nun für die NNSW zu thematisieren und klar, fast brutal auszuschließen.

Das größte Paradoxon ist nun Folgendes: Wenn man ein Tier schlachtet, kann man selbst bei koscherer Schlachtung, die die strengste Schächtung ist, strenger als die in der muslimische Schlachtung, das Blut nicht gänzlich aus dem Kadaver entfernen. Deswegen werden im Judentum darüber hinaus die Fleischstücke oft noch gesalzen und gewässert. Und trotzdem kommt man auch so nicht an alles Blut heran, um es zu entfernen!

Ich stelle mir manchmal vor, dass Gott hier die Menschen etwas auf den Arm nimmt. Er sagt quasi, ihr dürft Fleisch essen, aber ohne Blut! Das heißt, es ist Euch unmöglich Fleisch zu essen, da immer Restblut drin ist!

Was ER meines Erachtens damit eigentlich sagt, ist:

‚Sobald ihr ein Fleisch, ein Tier, ein koscheres Lebewesen findet, in dem es kein Blut gibt, dürft ihr es essen.' Haha.

Das Gleiche macht später Yeschua. Nur die meisten kapieren diese Stelle nicht, weder die heutigen Juden und schon gar nicht die Christen. Die Exegese dieser Stelle ist in allen Predigten, die ich dazu gehört habe, derart schlecht, dass es mich schaudert. Ich würde am Liebsten auf die Kanzel gehen, den Pfaffen wegschubsen und selbst darüber predigen.

Diese Stelle im NT wird fast von allen so ausgelegt: Der Herr würde hier sagen, dass dem Kaiser seine Steuern zu zahlen sind.

Diese falsche Exegese machen sich heutzutage sogar verlogene Politiker zu eigen. Natürlich spielt insofern diese Stelle diesen Leuten scheinbar in die Hände, weil sie damit dem Volk obstruse, ungerechte Steuern und Abgaben aufhalsen können, die das dumme Christenvolk dann zu zahlen hat, weil Jesus das gesagt hätte!

ABER das ist nicht der Sinn dieser Aussage Yeschuas! Da bin ich mir sehr sicher. Gerade auch im Zusammenhang mit der vorliegenden Gebotesstelle über Blut. Das kann man allerdings nur herausfinden, wenn man Gott fragt, Ihn, Sein Herz kennt und auch manchmal mit Ihm um Auslegung und Verständnis regelrecht ringt.

Yeschua wird später im Neuen Testament gefragt, ob die römische Steuer zu zahlen ist. Das Ganze ist keine echte Frage, ob Juden (oder Christen) Steuern zahlen müssen, womöglich sogar an widerrechtliche Besetzer wie die Römer. Es handelt sich hierbei um eine Falle der Pharisäer, der Plischtim, und anderen Religionsexperten. Eine gefährliche sogar.

Daraufhin sagt der Messias, man solle ihm eine Münze bringen, die damals meist aus Edelmetallen bestanden. Auf dieser ist nun das Konterfei des herrschenden Kaisers.

Und er sagt den genialen, allseits bekannten einen Satz:
„Gebt dem Kaiser, was des Kaisers ist.
Und Gott was Gottes ist."

Die meisten ‚Christen' behaupten nun, dass diese Stelle nun heißt, Jesus würde zum Zahlen ungerechter Steuern auffordern. Die Römer besetzten ja Judäa widerrechtlich und es handelte sich hierbei wohl sogar um die gemeine Kopfsteuer.

Das ist aber m. E. nicht der Sinn der Stelle. Vergegenwärtigen wir uns für eine Beurteilung zunächst die Situation. Betrachten wir den Kontext, denn ohne diesen kann man nicht korrekt interpretieren und übersetzen:

Die Umstehenden bestehen ja vor allem aus Juden, Priestern, Schriftgelehrten, wahrscheinlich auch ein paar Römer. In dieser Gruppe waren nun die ‚geistlichen Korinthenkacker' der damaligen Zeit, die zu der bereits sehr komplexen Tanach und deren Regeln noch viele eigene Regeln und Traditionen erschaffen hatten. Sie, die Kollaborateure mit den Römern, wollten Yeschua, den Wundermann, der ihre Autorität oft in Frage stellte und sie ab und zu lächerlich machte, irgendwie loswerden, an den Galgen bringen, und die Römer dazu bewegen, den unbequemen Mann festzunehmen. Die Römer sollten bitte die Drecksarbeit machen. Sie selbst trauten sich nicht, weil das Volk Yeschua liebte: Er heilte, gab zu Essen, war freundlich zu den Armen und Ausgegrenzten, er vergab Sünden … Alles das, was die Pharisäer und Priester tun sollten, aber nicht machten!

Die Situation war für den Messias also doppelt gefährlich. Der Messias hatte nun mehrere Möglichkeiten zu antworten.
Er hätte sagen können ‚Ja'.
Oder ‚Nein.'
Jeweils mit Begründung.

Er sagt jedoch weder das eine noch das andere.
Hätte Yeshua nun gesagt, das Steuern ungöttlich sind oder das solche Steuern gar nicht bezahlt werden müssen, dann hätten sie ihn wohl unverzüglich den Römern überstellt und er wäre vermutlich wegen Aufwiegelung oder Hetze gegen die Römer verurteilt worden. Zeugen der Aussage gab es ja bei Yeshua immer genug.
Was Yeschua in seiner klugen Antwort aber eigentlich sagt, zwischen den Zeilen sogar sehr deutlich, und das verstanden damals alle Schriftgelehrten und Priester *sofort*, und vermutlich die Juden auch heute noch (bloß die dummen ‚Christen' kapieren es nicht), ist Folgendes im Subtext:

‚Ihr Heuchler, glaubt Ihr eigentlich, Ihr könnt mich mit so was aufs Glatteis führen? Da müsst Ihr schon früher aufstehen. Ich bin der Messias. Und meinem Vater im Himmel, Eurem HaSchem, gehört die GANZE Welt! Und ich bin Sein Sohn! Wenn hier überhaupt jemand etwas schuldet, dann schuldet *ihr* Gott alles! Alles hier gehört Gott, die ganze Welt, das Weltall, die Sterne, ALLES, jeder Mensch, jedes Tier, jede Münze, alle Rohstoffe, jede Ernte, und KEINER hat das Recht, Steuern zu verlangen! Dem Kaiser gehört hier GAR NICHTS! Genauso wie Euch gar nichts gehört! Gebt Gott was Gottes ist heißt:

gebt Euch selbst, Euren Gehorsam, all Euer Vermögen, all Euren Glauben! ALLES! Das ist das erste Gebot! Und das gilt für alle Menschen: Römer, Herrscher, Kaiser, Israeliten. Alle Menschen! Der Höchste ist der einzige Eigentümer und der einzige Kaiser der Welt! Und wenn hier irgend jemand überhaupt Steuern erheben darf, dann ist ER es!'

Die Israeliten haben das damals sofort verstanden, und haben sich vor Wut auf die Lippen gebissen! Sie konnten ihm nicht am Zeug flicken, obwohl er Ihnen sehr klar gesagt hat, dass genau genommen keiner das Recht hat, Steuern zu erheben. Und dass diese deswegen streng genommen auch nicht gezahlt werden müssen.

Yeschuas Schlauheit, Schriftkenntnis und Intelligenz war wirklich umwerfend! Kein Wunder, dass viele Schriftgelehrten und Priester damals vor Wut durchgedreht sind. Er führte sie immer vor und sie konnten nichts dagegen tun. Ihnen blieb ihre Lehre im Halse stecken, denn er argumentierte auf einem Niveau, das sie einfach sprachlos machte!

Darüber hinaus bin ich mir sicher, daß bei der Aussage, sie sollten dem Kaiser geben, was des Kaisers ist und Gott, was Gottes ist, im Kopf der Schriftgelehrten, die ja die Heiligen Schriften sehr gut kannten – anders als viele Pfarrer und Priester heute – etwas kräftig klingelte! Was klingelte?! Haggai klingelte! Und das, was Gott zu ihm sprach:

„Denn mein ist das Silber und mein ist das Gold…!"

Da wie gesagt, Münzen damals meist aus Gold oder Silber bestanden, war diesen Herren der Bezug sofort klar! ,Aha, der sagt jetzt, daß dem Kaiser und den Römern und uns sowieso gar nichts gehört!'

Es würde mich auch nicht wundern, wenn der Herr dazu etwas ironisch gegrinst oder gezwinkert hätte. Hatten die

Schriftgelehrten wirklich gedacht, er kenne die Schrift nicht? En garde!

Noch pikanter wird diese Aussage Yeshuas, wenn man die Geschichte des Geldes kennt. Der Herausgeber der ersten Münzen war offenbar Alexander der Große. Auf den Münzen waren damals nur die ‚Götter' der Griechen mit deren Abbildern ausgedruckt. Das heißt, mit solchen Münzen zu zahlen wäre im Judentum eigentlich schon Götzendienst. Auch in Judäa zur Zeit des Messias gab es Münzen, jedoch emittierte jeder Kaiser seine eigenen mit seinem eigenen Konterfei.
Kaiser waren zudem damals die römischen Caesaren. Und diese wurden ebenfalls als Gott angebetet! Sogar der brutale Nero, der Wahnsinnige, wurde als Gott betrachtet! (In diesem Zusammenhang muss ich den alten genialen Monumental-Film ‚Quo Vadis' erwähnen! Toll!)
Yeshua hat mit dieser Aussage nebenbei gleichzeitig auch gesagt, fast unbemerkt, dass der Kaiser NICHT Gott ist! Auch das ist nicht ganz ungefährlich. Yeschua hat ja zwischen Kaiser und Gott semantisch und syntaktisch unterschieden. Tabula rasa. Allein das war ein Geniestreich.
Wenn Yeschua aber direkt gesagt hätte: „Der Kaiser ist sowieso kein Gott", dann hätte er ein riesiges Problem gehabt, wohl Gefängnis und Auspeitschung inklusive. Hat er aber nicht. Diese Message war ‚immanent'. So mega!
Wie er immer sagte „Wer hören kann, der höre!" Schema Israel. Schema alle Welt.

Wenn Yeshua andererseits gesagt hätte, man solle die römischen Steuern mit den Götzenbildmünzen zahlen, wäre das ein den Augen der Pharisäer vermutlich eine Aufforderung zum Götzendienst gewesen. Eine Blasphemie, die eventuell mit Tod und Steinigung bestraft werden konnte.

Kapieren wir eigentlich nur im Ansatz, wie genial unser Messias und Retter ist!? Superschlau! Und immer voll auf die Zwölf!
Er war nicht das ‚liebe Jesulein'! Er war der Herr, der Messias! Das sollten wir nie vergessen. Wir machen ihn heute in einem unbiblischen Pseudoliebesgedusel VIEL ZU KLEIN!

Genau das Gleiche passiert hier nach meiner Meinung bei dieser Rede an Noach. Ein Paradoxon: Gott verbietet – indem er erlaubt. Super!

Das ist so, wie wenn unsere 14-jährige Tochter, die schon öfter ziemlich Mist gebaut hat beim Ausgehen (z. B. sehr besoffen war) und nicht auf unsere ‚Gebote' gehört hat, uns fragt, ob sie mit Freuden ausgehen darf.
Und wir sagen: „Ja sicher! Geh raus!", und lächeln, „Du kannst Dich in den Garten setzen und dort mit deinen Freunden chillen!"
Dann wird die bestimmt genauso wütend, wie damals die Pharisäer und Schriftgelehrten. Sie wird vor Wut rauchen und schreien.

Nach Noachs Opferrausch und Blutwahn hören wir, nach dieser Stelle, wieder lange nichts über Blut, und auch nicht über Opfer.
Noach scheint kapiert zu haben und seine Söhne auch:
Gott will keine Opfer. Er will Gehorsam – aus Liebe.

Es kommt dann nur noch die Geschichte und der Stammbaum der drei Söhne Noachs. Der Turmbau zu Babel, wo Gott die Völker und Sprachen zerstreut, weil sie sich weltweit zusammenrotten gegen Ihn, Gott. Sie, die dummen Menschen, wollten doch tatsächlich in den Himmel steigen und Gott niederkämpfen. Das kommt uns doch heute sehr bekannt vor.

Die Regierungen und sogar die ‚Kirchen' entwerten Seine Gesetze, schaffen diese ab und wollen zu einer Welteinheitsregierung mit dem kleinsten gemeinsamen Nenner kommen, der Neuen Weltordnung – im Gegensatz zu alten Weltordnung, die sich immer noch irgendwie an Gott ausrichtete. Wird das wohl klappen? Man darf raten…

Es geht dann mit Noachs Sohn Schem weiter. Schem zeugte Arpachschad. Der den Schelach. Und der den Eber.

Eber ist nun der Stammvater der Ebräer – also der Hebräer, mit denen Gott dann Heilsgeschichte schreiben würde. Auch habe ich mich ewig gefragt, warum nun ausgerechnet Eber von Gott ausgesucht wurde. Dazu steht leider gar nichts in der Bibel. Das kam mir immer komisch vor, denn der Stammvater von Abraham bis zu Yeschua mußte doch irgendwie besonders gewesen sein, damit der Heilsplan über ihn laufen konnte. Und ich lag richtig mit dieser Vermutung.

Legenden besagen über Eber nämlich, wie ich mittlerweile weiß, dass er sich wohl nicht am Turmbau zu Babal beteiligt hatte. Das war bestimmt eine mutige Entscheidung, wenn alle sonst gegen Gott gebaut und auf den Turm hinauf gestiegen sind. Deswegen biegt wohl hier die Heilslinie auf ihn ab.

In der Bibel wird das alles sehr kurz abgehandelt als wolle uns die Schrift sagen: Schem war unkritisch in Bezug auf Sünde, und seine Söhne auch. Anscheinend gab es weder besonders Positives noch Negatives zu berichten.

Genauso nüchtern geht es weiter mit Eber, der den Peleg zeugte. Der den Regu, der den Serug. Und jetzt wird es langsam heiß, der Serug zeugt Nahor! Aha.

Auch in dieser ganzen Geschlechterkette haben wir übrigens nichts zu lesen über Blut und Opfer!

Aber da haben wir nun in Nahor den Großvater Abrahams. Mit diesem Herrn machen wir im nächsten Buch weiter und wir schauen uns an, was es hier zu Gott, Blut und Opfer zu erkennen gibt!

Bis dahin!

Unser Fazit zu Band 1:

Wir haben bisher gesehen, dass Gott nie, von Adam bis Noah, Blutopfer befohlen hat. Noch nicht einmal vegetarische Opfer wie Speise- und Trankopfer hat Er gefordert.
Im Gegenteil, Er hat es unter härteste Strafe gestellt, Blut zu vergießen. Egal für was.
Denn alles wurde im Ebenbild Gottes und durch Ihn, Seine Hand, Sein Wort, Seinen Odem selbst geschaffen.

Was uns allerdings deutlich gesagt wird, ist, dass unsere menschliche Sünde, unser Ungehorsam Gott gegenüber, dazu führen würde, dass eines Tages jemandem die Ferse zerschlagen wird und jemandem der Kopf zertreten würde:
Hier würde BLUT fließen!
Ohne Blutfließen sind Ferse zerstören und Kopfzertreten nicht zu machen, oder? Das jedoch, um die Macht Satans zu zerstören.

Und dieses Blut würde das einzige Blut sein, in Ewigkeit, das diese Kraft haben würde. Das einzige Blut, das wirklich zählen würde und das vergossen werden *muss* – damit wir wieder einen freien Weg zu Gott haben! Warum, das erkläre ich in den späteren Büchern. Denn auch das ist logisch.
So wie die Israeliten damals nur aus Ägypten, aus Mizraim – dem Zweistromland -, ausziehen konnten, wenn sie durch das Lammblut an ihrer Tür geschützt waren vor dem Bösen, so können seit Yeshua in dem zweiten Auszug *seiner* Leute, die an ihn glauben, in die Freiheit von der Sünde und vom Gesetz des Todes in Ewigkeit ausziehen, wenn sie das Blut des echten Gotteslammes annehmen als das Opfer für ihr eigenes Leben… um Ihm dann zu dienen! Dem GUTEN Gott!

Im nächsten Band sehen wir weiter, wie es mit Gott, dem Menschen, Opfern und Blut steht und weitergeht:
Von Abraham bis Josef.

Richtig schwierig wird es zugegebenermaßen bei Mosche und den Opfergesetzen. Aber wir werden sehen, dass diese Dinge fast zwingend sind, deswegen gehen wir weiter möglichst folgerichtig vor. Sehen wir einmal, ob ich das schaffe. An Seiner Hand.

Letzte Worte: Die NEUE ARCHE

<u>Das alles hier, in diesem Buch und vor allem das Folgende, ist MEINE eigene persönliche Meinung:</u>

Komm an Bord, liebe/r Leser/in!

Gott baut seine Rettungsarche gerade und sie ist nicht nur fertig, er fängt auch bereits an, die Lade hochzuziehen! Er fängt an zu kurbeln, die Ketten, an denen das Tor zur Arche aufgehängt ist, fangen schon an sich zu straffen, die Winde fängt an zu knirschen.
Die Gnadenzeit, das Jubeljahr, das Erlaßjahr des HErrn läuft aus!
Die Gnaden-Zeit, die Yeschua erkauft hat, läuft aus.
Es wird nicht mehr lange dauern, dann wird diesmal nicht die Wasser-Flut, sondern wohl die Feuer-Flut kommen. Lest die Prophetien in der Bibel.
Und die Arche ist da: Yeschua. Yeschua heißt auf hebräisch Rettung. Die Rettungsarche ist seit 2000 Jahren da. Glaube endlich! Lade den Retter in Dein Leben ein. Er ist auch für Deine Sünden und Fehltritte gestorben und auferstanden. Bekenne ihm alles. Bereue. Dann hör auf zu sündigen, diene Ihm. Geh zu den Menschen, die Du verletzt, betrogen etc. hast, bekenne Deine Schuld, bezahl Deine Schulden, auch finanziell. Folge Yeschua nach. Denn es wird bald zu spät sein. Gott wird bald zuschließen. Das Jubeljahr, das Erlassjahr, das der Messias eingeleitet hat, läuft gerade aus.
Dann beginnt das Gericht über die Welt zu gehen. Dann muss voll für Sünde bezahlt werden, von Dir selbst. Das wird Dich überfordern. Du wirst nicht zahlen können. Mit was überhaupt

könntest Du zahlen? Du hast nur eine Währung, die ewig zählt: DEIN LEBEN! Deine Seele. Dein Blut.

Yeschua wird wiederkommen, diesmal als Richter.

Lies die Offenbarung des Johannes und die Endzeitreden von Yeschua. Dazu Hesekiel und Daniel.

Deswegen: Noch gilt die Amnestie, für alle, die JETZT noch an Bord kommen! Geh auf die Knie, geh in die Buße. Und hör auf zu warten.

Wenn du HEUTE Seine Stimme in Deinem Herzen hörst, dann mach das fest. Es ist Zeit. Und es ist dringend.

Und das Folgende ist meine persönliche, zugegeben klare bzw. harte Meinung und Überzeugung, nach langen Jahren der Recherche für alle, die sich als ‚Christen' bezeichnen, informiert Euch selbst, forscht selbst nach:

Die Finger von Pille, Diaphragma und sonstigem Abtreibungs-Mist des ‚Belial' lassen.

Aufhören mit Pornos.

Mit Missbrauch.

Mit Bordell.

Mit Homosexualität.

Aufhören, den Götzentag Sonntag zu feiern. Lieber den einzigen Tag des HERRN, den Schabbat, feiern. Sonntag ist Heidentag. Ich für meinen Teil bete nicht die Sonne an.

Aufhören Schweinefleisch und unkoschere Tiere zu fressen, oder besser ganz aufhören, Fleisch, Lebendige Wesen mit dem Atem Gottes, zu fressen. Du bist kein Raubtier!

Aufhören zu saufen, wenn Du Alki bist.

Das alles ist nicht nur für unsere Gesundheit Gift, sondern wird sehr wahrscheinlich sogar von Ihm gerichtet.

Und für das Gute leben, für Yeschua. Selbst zum Retter werden, indem Du von Ihm erzählst!

Von niemandem ein Organ annehmen. Die eigenen Organe nicht anbieten. Dieser ganze Sumpf. Das alles bringt so viel Böses in die Welt, gerade für die Ärmsten. Wegen ein paar Egoisten, die nicht sterben wollen, wie es ihnen bestimmt ist. Das Ausweiden von sterbenden Menschen und Seelen ist m. E. teuflisch. Den ‚Hirntod' gibt es nicht.
Denn das alles ist Blutopfer der ganz perfiden Art. Menschliche Blutopfer. Damit eine Industrie fett absahnen kann und einige Egoisten bedienen kann, die meist an ihren Krankheiten selbst schuld sind. Ja, auch wenn es um Kinder geht. Es ist Mord bzw. vorsätzlicher Totschlag an wehrlosen sterbenden Menschen und Seelen. Die manchmal noch nicht einmal narkotisiert sind, während sie ausgenommen werden, um Geld zu sparen. Sie sollten doch in FRIEDEN sterben können!!! Jeder sollte in Frieden sterben dürfen, ohne bei lebendigem Leib ausgeweidet zu werden. So etwas Bestialisches macht man nicht einmal bei Tieren. Bevor die Eingeweide rauskommen, sind sie tot oder tief betäubt.
Das alles hat mit ‚Nächstenliebe' nichts zu tun, das ist eine Lüge. Auch wenn viele Kirchen das behaupten. Sie machen sich nur zum Helfershelfer des Bösen und einer Milliardenindustrie. Das ist schlimmer als Kannibalismus.
Sich am Besten von all diesem ganzen egoistischen – und meiner Meinung nach oft regelrecht teuflischen Zeug distanzieren. Erinnert euch daran, wie Satan es macht: „Sollte Gott gesagt haben…?" Das heißt bei Organen: „Gott will doch den Tod nicht, das wissen wir doch! Und wenn jemand doch wahrscheinlich sowieso stirbt, dann nutz ihn doch noch mal so richtig aus."
DRECKIG!

Ihr werdet damit sonst wohl in Ewigkeit leben oder eher leiden müssen. Ich bin überzeugt, man lädt ewige Schuld auf sich. Glaubt lieber an Yeschua und Seine Vergebung. Dann kann man diese Welt auch verlassen, ohne sterbende Menschen ausweiden zu müssen. Wenn Juden und Christen so etwas tun, brauchen sie meiner tiefsten Überzeugung nach nicht mehr sagen, sie glaubten an den Höchsten oder an Yeschua, den Messias.

Genauso haben Hormon basierte Verhütungsmittel wie die Pille meist abortive Wirkung. Das heißt, wer dieses Zeug ‚frisst' – nein, dafür nehme ich kein anderes Wort, ich bin kein von diesen Säuselchristen, die sich nicht mehr getrauen, Wahrheiten auszusprechen! - treibt seine eigenen Kinder ab. Hier gilt das Gleiche wie oben. Für mich sind das keine Christen, keine Gerechten.

Die Finger von IVF und sonstiger Pfuscherei lassen. Du weißt nicht, was dabei in der unsichtbaren Welt angerichtet wird.

Wenn Du *nicht* durch Yeschua in Gottes Hand sein willst, dann lass es. Dann tu aber auch nicht so, als ob Du ‚gläubig' wärst!

Ihr braucht mir nicht zu glauben, dass das so ist. ER wird das sehr wahrscheinlich bald selbst sagen. Aber dann wird es für viele wohl zu spät sein. Yeshua sagt über die Endzeit: „Es wird sein, wie zu Zeiten Noahs." Und noch nachdenkenswerter ist der prophetischer Ausspruch, dass es Sodom, Gomorrah und Ninive im Gericht besser gehen wird, als dieser Generation der Endzeit. Merkt Ihr jetzt, wo Ihr steht?

Wenn Ihr mich jetzt ‚hart und lieblos' nennt, dann muß ich Euch sagen, daß in der Endzeit wir echten Christen im Ton klarer und damit in der Perzeption von außen härter werden *müssen*. Am Ende der Endzeit wird es dann ganz ‚hart' von

Gott selbst her, dann kommen die ZWEI ZEUGEN – und wenn es so weit ist, lest einmal nach, was diese beiden machen werden! Da schaudert es einen!
Sie werden wohl deswegen so hart und strafend sein, weil es der letzte Aufruf, der allerletzte Rettungsruf sein wird.

Warum ist das so? Weil die Welt und deren Menschen in breiter Masse auf den ewigen Abgrund zulaufen! Und wenn jemand auf den Abgrund zuläuft, es aber nicht merkt, wir aber schon, dann bringt es nichts mehr, mit leiser, pseudoliebevoller Stimme zur Umkehr zu säuselrufen! Nein. Dann schreit man, laut, hart: „Stopp! DREHT UM! Da ist der ABGRUND!"
Und wenn man kann, dann reißt man den anderen mit eigener Hand herum. Hart. Und vielleicht schmerzhaft.

Aber es reicht auch, sich das Verhalten des Herrn auf der Erde anzusehen, er hatte auch keine ‚Affenliebe' (siehe auch das erste Kapitel in diesem Buch über Yeschua). Leider viele ‚Christen' heute aber schon.

Es ist also ernst. Entscheide dich. Du wirst mit Deiner Entscheidung wohl in Ewigkeit leben müssen.

Deswegen entscheide RICHTIG.

Ein letzter Hinweis:

Bitte kommt mir nicht an mit Anfragen, wo was steht. Sucht selbst. Ihr habt in diesem Buch mehr Anhaltspunkte, als ich je hatte. Ich habe Tausende von Seiten gelesen: Fachbüchern, Lexika, verschiedene Bibeln in verschiedenen Sprachen, Wörterbücher, Bibliotheken, Webseiten, Apokryphe Evangelien und Schriften, Briefe etc.. Vieles noch aus Zeiten, in denen es noch lange kein Google gab. Deswegen weiß ich oft auch nicht mehr, wo ich etwas gelesen habe, zum Teil sogar noch im Studium in Bibliotheken. Aber ich schreibe dann wenigstens, daß ich es irgendwo gelesen habe. Leider habe ich damals noch nicht gewußt, daß ich darüber einmal ein Buch schreiben würde.

Ganz davon abgesehen, wie unsäglich viel ich selbst nachgedacht, ,durchgerechnet' und mir selbst erarbeitet habe. Wenn Ihr wüßtet wie viele verschiedene Bibeln, Zettel, Notizen, Diagramme etc. hier herum liegen bei mir. Meine Familie hält mich für etwas verrückt deswegen ;). Na ja, ich bin wohl eben verrückt nach Gott, meinem Vater. Ich *will* Ihn verstehen, so gut ich nur kann! Dafür zahle ich dann eben auch den hohen Preis.

Meine tiefe Überzeugung ist: Wer nicht bereit ist, nach den Quellen und Erkenntnissen selbst zu suchen, der ist diese auch nicht wert. Schon Goethe sagte:
„Wie schwer sind nicht die Mittel zu erwerben
durch die man zu den Quellen steigt.
Und eh man noch den halben Weg erreicht
muss wohl ein armer Teufel sterben."

Wenn Ihr mich anschreibt und eine Quelle für eine Aussage wollt - ich habe diese selbst wie gesagt nur mit viel Zeit und Geld und sonstigen Investitionen gefunden - muss ich in meinem großen Fundus suchen gehen, und das mache ich nur, und gerne, gegen ein gutes Honorar. Alles klar!?

Shalom!
Friede sei mit Euch!
Bis zum zweiten Band!

Ihr könnt gespannt sein. Der zweite wird mindestens so spannend wie der erste hier vorliegende. Es wird immer ‚heißer'!

Eure Ewa

Kontaktdaten

Wenn Ihr mich buchen wollt für eine Rede, eine Predigt, eine Konferenz, ein Seminar oder einen Workshop, womöglich sogar für einen kleinen theologischen ‚Tritt' in den Derrière Eurer Gemeinde, oder Ähnliches, freue ich mich über Eure Kontaktaufnahme unter
ewakrist@gmail.com

ZITATE:

Wenn Ihr einige meiner neuen Forschungsergebnisse und Erkenntnisse in diesem Buch benutzt, dann zitiert mich bitte auch richtig – und tut bitte nicht so, als ob Ihr selbst das alles erfunden oder erforscht hättet. Vermutlich würde auch ER das hassen, denn Er weiß, wie hoch mein ‚Preis' dafür war, und würde womöglich ‚Bumerangs' erzeugen'.

Wie es schon in der Mischna - Rabbi Jehoschua (!) Ben Levi - steht:

„Wer von seinem Nächsten … lernt … muß ihm die Ehre erweisen."
und
„Jeder, der einen Ausspruch sagt im Namen dessen, der ihn gesagt hat, bringt Erlösung für die Welt…"

(!) Jehoschua ist die Langform für Yeschua/Jesus, was eine Abkürzung von Jehoschua darstellt!.

Literaturhinweise

Pons Kompaktwörterbuch Griechisch
Pons GmbH, Stuttgart 2015

Langenscheidt Taschenwörterbuch Althebräisch – Deutsch
zum Alten Testament
Langenscheidt, Berlin und München 1989

Die Bibel
Einheitsübersetzung, Ökumenischer Text,
Katholische Bibelanstalt GmbH, 10. Auflage, Stuttgart 2012

Die Bibel
nach der Übersetzung Luthers, mit Apokryphen
Deutsche Bibelgesellschaft, Stuttgart 2006

Das Neue Testament
Interlinearübersetzung Griechisch-Deutsch,
6. Auflage, Hänssler Verlag, Neuhausen 1998

Das Alte Testament
Interlinearübersetzung Hebräisch-Deutsch, Rita M. Steurer,
SCM Brockhaus, 3. Auflage, 2014

Die Mischna, Ins Deutsche übertragen mit einer Einleitung und Anmerkungen von Dietrich Correns,
Marix Verlag, Wiesbaden 2005

Verschiedene Bibelversionen unter www.bibelserver.de (danke, lieber ERF!)

u. v. m.

Letzte Worte – Worte des Lebens

Johannes-Evangelium 8, 24:
Yeshua:
**„Wenn Ihr nicht glaubt, daß ich es bin,
werdet ihr sterben in euren Sünden."**

1. Joh. 5,12:
Der Apostel Johannes:
**„Wer den Sohn hat, der hat das Leben.
Wer den Sohn nicht hat, der hat das Leben nicht."**